识干家

企業閱讀　學以致用

蒋军◎著

快消品营销2

一位销售经理的工作心得

中华工商联合出版社

图书在版编目（CIP）数据

快消品营销：一位销售经理的工作心得．2/蒋军著．
—北京：中华工商联合出版社，2014.8
ISBN 978-7-5158-1002-7

Ⅰ．①快…　Ⅱ．①蒋…　Ⅲ．①市场营销　Ⅳ．①F713.50

中国版本图书馆 CIP 数据核字（2014）第 160279 号

快消品营销：一位销售经理的工作心得．2

作　　者：蒋　军
责任编辑：于建廷　效慧辉
责任审读：郭敬梅
封面设计：久品轩设计
责任印制：迈致红
出版发行：中华工商联合出版社有限责任公司
印　　刷：三河市文阁印刷有限公司
版　　次：2014 年 9 月第 1 版
印　　次：2014 年 9 月第 1 次印刷
开　　本：787mm×1092 mm　1/16
字　　数：200 千字
印　　张：13
书　　号：ISBN 978-7-5158-1002-7
定　　价：42.00 元

服务热线：010－58301130
团购热线：010－58302813
地址邮编：北京市西城区西环广场 A 座
19－20 层，100044
http：//www.chgslcbs.cn
E-mail：cicap1202@sina.com（营销中心）
E-mail：gslzbs@sina.com（总编室）

博瑞森图书：企业阅读　本土实践

亲爱的读者朋友：

也许您是博瑞森图书的老读者，也许是新朋友，欢迎您阅读博瑞森图书！

当今中国，各行各业都存在着转型升级的压力与机遇。博瑞森图书与您一同应对转型挑战并发现其带来的机遇。

我们一直在问：什么样的书能为您解决管理难题并带来启发？

我们一直在找：哪些作品能帮助企业从跟随到领先？

我们一直在做：把最好的作品以最便捷的方式呈现给您，纸质版、电子版、听读版、书摘邮件、微信……

我们策划图书的原则是：

- 企业阅读——与您一样，做水中的游泳者，而非岸上的观众或教练，企业的困惑就是我们的任务。
- 本土实践——与您一样，立足本土环境，追求卓越实践，传播最适合当下中国企业的管理之道。

我们也向所有的企业管理者、管理咨询专家和企业研究者征稿，让更多被实践检验的好思想、好方法迸发出来，为企业助力！您可以将个人简介、博客链接、文章等相关资料发送到 bookgood@126.com 或 QQ：1963328416，我们将会协助您出版作品（绝非“自费出书”，不向作者收取任何费用）。

如果有一天，您把博瑞森图书视为您优秀的事业伙伴、管理助手，我们也就实现了自己的梦想。

博瑞森图书
010－51900529
bookgood@126.com

推荐序

蒋军，市场营销专业毕业，有五年以上大型国有上市公司市场管理、十多年营销管理和品牌营销咨询的经验，接触上千家快消品企业。他以丰富的市场营销及企业管理理论知识、系统的思维和分析、优秀的品牌策划及推广经验，写出了《快消品营销：一位销售经理的工作心得2》，既有《一位销售经理的工作心得》的实战性，又有新时代的鲜明特征。

纵览全书，作者通过强化快消品区域市场操作、构建快消品高效营销团队、引爆快消品市场的传播推广、探寻快消品企业的营销策略、快消品企业的营销战略思考及剖析行业经典案例等章节，详细地分析了如何通过实操营销策略把快消品做到最好，并通过解析经典案例让读者思考得更加深入、理解得更加透彻。因此，全书读起来畅快淋漓，带有作者快人快语的风格，确实是近年来快消品实战方面的佳作。

快消品的区域市场调研、铺货、市场推广、价格管理、营销团队的构建与管理、产品策划的品类占位、整合传播中如何打动消费者的节日传播与事件营销、营销策略及战略等，都是作者与品牌营销顾问机构的专家团队亲自走访市场，从一线营销实战经验中深度思考总结的策略和方法，具有强烈的实战色彩，案例鲜活、生动，值得每一个营销人员细细品读与思考。

蒋军也是我非常欣赏的营销策划人，他不仅擅长战略规划、品牌构建、营销操盘和实战营销，即使在平时参与多个项目的品牌整合、市场战略布局策划、实战营销、整体市场操作、品牌创建、新产品上市、市场操作、推广工作时，也将思考与学习融为一体，喜欢和大家分享工作心得。正是这种对工作和事业极其投入和用心的态度，才成就了本书。很多营销人员整天以忙为借口，不愿意整理和归纳，更懒得写书，其实，这样会使自己慢慢落伍，无法成为影响很多人的思想者。

本书主要针对的便是那些希望从事或者已经身在其中的快消品销售人员和营销人员。如果你想加入快消品行业，从事快消品销售或营销；如果你想让自己更快、更好地做好快消品销售与营销工作，相信《快消品营销：一位销售经理的工作心得 2》是你尽快了解快消品、获得经验的好的选择。

朱玉童
2014 年 7 月 10 日

自　序

营销是一种精神

一位伟人曾说："人是需要一点精神的。"对营销人而言，这种精神更加难能可贵。如果仅仅为了养家糊口，人生不会精彩。快消品行业不但市场化程度高，而且网点遍布街头巷尾，需要完善的策略规划，更需要身体力行；不但考验智慧，更考验体力和精神意志。我认为，能坚持5年以上、做好快消品营销的人，都是了不起的营销人。

本书没有大道理，也没有"高、大、上"的理论分析。有的只是我对快消品市场的研究、分析和心得体会。从古至今，中国向来不缺少战略家和战略观念，当今营销也不缺少所谓的"执行观念"，缺少的是行动！

今天，大家都在讨论小米、褚橙，认为他们利用互联网思维而无往不胜。但我认为，无论是小米还是褚橙，真正打动消费者的并不是其利用互联网思维的胜利，而是让营销回归了本质和原点。换句话说，就是互联网和移动互联网时代让营销回归到人性的基本点，从而获得了巨大的成功。

从这个层面来说，营销不是在推广品牌或者产品，而是在创造顾客价值，不仅满足了顾客基础的生理需求，还满足了顾客深层次的精神上的需求。看看褚橙火爆上市、一橙难求的景象，很难想象一个橙子居然有这么大的魅力。其实，人们哪里是在买橙子，分明是在买褚时健的励志精神。因此，无论是品牌还是产品，唯有精神才能永存。

本书共六章，是本人十多年销售、营销、策划工作的浓缩和总结。

第一章是本书的精华内容之一，即快消品市场要怎么操作。这章基本涵盖了一个品牌或产品如何进行区域市场的操作。从市场调研开始，到产品组合、市场铺货、渠道规划、渠道管理、价格控制、市场推广等核心内容，让销售人员或者营销管理者有目的的操作和启动区域市场。

第二章的主要内容是团队管理。从营销管理者的视野来说明，管理要管人、管事，更要管人心。本章告诉快消品营销人员如何成为一个好主管、快消品市场主管最需要什么素质和能力。从微观的角度给出了快消品营销人员如何做年终总结和年度规划，以及在复杂的营销环境中如何保持良性精神和忍耐精神。

第三章是讲怎么做好产品和品牌的推广和传播工作。尤其是互联网和移动互联网的传播，与营销 1.0 和营销 2.0 的传播差异很大，基于自媒体的传播成为主流，本章结合案例分析了营销 3.0 时代怎么做品牌和产品推广。

第四章、第五章从营销战略和营销策略层面分析了快消品行业特性、成功要素，特别分析了食品饮料的营销规律和策略，这些来源于一线营销经验的策略和方法。我认为，这是值得快消品读者品读和思考的。

第六章是快消品行业近年来的经典案例，从案例的分析和解读中，大家可以看到为什么有的品牌可以成功，有的品牌却失败了，成功和失败给我们的启示又是什么？

我一直认为，快消品营销是所有行业营销中最辛苦的，但也是得到锻炼最多和提升能力最快的行业。

以下是我对营销人的几点希望和祝愿。

我希望，大家不再为了事业轻视自己的健康。一年出差200天，正常！跑市场、谈客户、做培训、搞促销……累的不是身，而是心。照顾好自己，那是奋斗的本钱。

我希望，大家不要为了工作忽略了家人。我认为，疲于奔命怕的不是对自己身心的伤害，而是对家人的残酷影响。能不能照顾家人还是其次，缺少了天伦之乐也不是不能忍受，最怕的是少了心灵的沟通和精神的依赖。销售人，重视你的家庭，因为那是你精神的源泉、动力和归宿。

我希望，大家能平衡自己的生活。任何不平衡总会走向平衡，销售人的平衡不能靠外界的推动，工作、生活的平衡是造就一个合格社会人的基本条件，如果你的工作影响了你的生活和家庭，请放弃。

我希望，大家都能实现人生价值。人生最重要的不是赚了多少钱（当然，基本保障也很重要，不能饿肚子），而是你做了什么事情。对营销人而言，这些事情对企业提升、客户价值有什么影响，你留下了什么？你的价值就是，活着就必须行动，试着改变什么。

我希望，大家终会实现心灵的平静。我们不断地认识自己、超越自己，如果有一天，我们发现销售就是我们的人生、我们的追求、我们的梦想，我们将其作为一种习惯，那么，销售人就达到了一种境界。其实，我们追寻的就是回归心灵的平衡与平静。

先哲王阳明说："天理即良心。"我说："营销即人生。"

本书（上一本书也是）是在博瑞森编辑马优的启发和鼓励下整理完成的，能够在较短的时间内完成本书的整理工作，确实是一件高兴而又辛苦的事情，但总算对自己十年的销售和营销工作有了一个阶段性总结，再次感谢博瑞森和马优！另外，还要感谢朱玉童，从朱总的身上我学习到了最新的思维方式和方法，从而更加严格要求自己不断成长。

特别要感谢我的家人，没有他们的支持，我不可能长期在市场上摸爬滚打，但因此也亏欠他们很多。

最后，感谢这个时代，让我奋斗在梦想的道路上痛并快乐着。

蒋军

2014年7月7日于深圳

目录 Contents

第一章　强化快消品区域市场操作

一、如何做好区域市场调研 / 3

二、如何做好区域市场铺货 / 6

三、如何做好区域市场产品组合 / 10

四、如何做有实战意义的渠道战略规划 / 14

五、如何做好区域市场渠道管理 / 19

六、如何做好市场价格管理 / 24

七、如何做好区域市场推广 / 27

八、快消品经销商如何“破局”二三线市场 / 30

第二章　构建快消品高效营销团队

一、团队管理管什么 / 39

二、如何做一个好主管 / 42

三、快消品市场主管最需要什么 / 46

四、快消品销售人员的选拔和培养 / 49

五、年终工作总结要点 / 53

六、年度工作规划要点 / 59

七、团队的狼性精神与隐忍 / 64

第三章　引爆快消品市场的传播推广

一、如何实现品类占位 / 73

二、节日传播，怎么打动目标消费者 / 78

三、事件营销有门道 / 81

四、快消品营销 3.0 时代的推广 / 90

第四章　探寻快消品企业的营销策略

一、快消品企业旺季营销问题及解决策略 / 97

二、中小饮料企业的旺季营销策略 / 104

三、新市场开发的关键点 / 111

四、“再来一瓶”风行的营销原理探析 / 115

五、混合饮料：产品做加法，营销做减法 / 118

六、瓶装凉茶成功的三大关键 / 120

第五章　快消品企业的营销战略思考

一、移动互联网时代快消品企业的“活法” / 127

二、饮料巨头的战略“近视症” / 131

三、中国“第一罐”的营销战略紊乱 / 134

四、品牌战略及品牌化运营的缺失 / 139

五、功能饮料路在何方 / 142

六、饮料行业瓶装化浪潮及隐忧／147

七、2014 年，高端水谁主沉浮／149

第六章　剖析行业经典案例

一、“不怕火”还是不怕死／159

二、晨光乳业营销全案解释／163

三、猫哆哩品牌营销再诊断／170

四、娃哈哈格瓦斯市场操作分析——不要做拐弯产品／175

五、苦荞茶，走出特产局限／178

六、霸王凉茶：品牌延伸的悲剧／181

第一章

强化快消品区域市场操作

一、如何做好区域市场调研

对区域市场的销售人员和销售主管来说，做好一个区域市场，不管是新市场还是老市场，都需要做调研。有些是基础调研，有些是专项调研，但都需要做。一般来说，对于新的区域市场，我们要全面走访，定性调研、定量调研相结合，以定性调研为主。

对企业的业务员来说，我们很难在新产品上市时调整包装、出厂价、味道，能最大限度调整的是产品的市场运作架构、渠道结构、渠道（终端）、宣传等。所以，定性研究对区域业务员来说很重要，不要陷入定性研究不科学、数学模型更科学的误区。在国内市场的消费者和渠道并非市场化或很成熟的情况下，运用定量的数据模型并不能反映真实的市场现状，而且消费者和渠道商的心里是很难通过量化模式得出正确结论的。

（一）了解经销商的代理意愿

消费品终端太多、太散，很难通过自身的力量实现完全覆盖。千万不要跟我说“消费者最重要，我们最终要抓住忠诚消费者”这样的陈词滥调，如果你运作过市场，你就会明白，一个合适的代理商对你有多么重要。

你应该先去批发市场或同类产品的经销商处看看，当然，可以“谎”称你是某竞品的业务员（该经销商没有代理竞品），先打探一下虚实，看看这个经销商的兴趣、实力、思路。如果该经销商有兴趣和意愿，就亮明身份并表示歉意（一般来说，经销商会理解的）。接下来就好谈了，你要说明公司的主要政策和要求，如果经销商的意愿很强，就可以谈细节问题。

要探明经销商对市场的看法和思路（要谈透彻），因为他了解同类品牌的做法、销量等。然后，你再走访主要的批发商，该市场的基本情况就会了然于胸。

说点题外话，很多人非常讨厌做代理商（二级批发商）激励活动，认为对市场有害、公司在转移库存，但实际情况不是这样的。在淡季和旺季的适当时候进行渠道促销很有必要，不管是压库、激励等，还是打压竞争对手，都有重要作用。有时候，经销商的力量还是很大的（从资金筹措和产品分销来看），没有任何动作才是最大的危机。当然，要有策略、有针对性地开展激励活动，盲目促销贻害无穷。

（二）分类走访终端

走访终端不是去终端看看，也不在乎走访了多少家终端，关键是走访质量如何。“闲时”走访，如一些产品的终端——餐馆，一般在午饭前、晚餐前走访，最好是晚餐前（很多老板早上没有起床）走访，这样，终端老板才会有时间“招呼”你。

询问终端老板对主要竞争品牌的看法和运作方法。通过终端老板反映消费者对竞争品牌的看法，再仔细查看陈列、空箱、礼品、赠品、促销情况、海报张贴、生动化、签订的协议，以及主要品牌的大致销售情况等。去终端不要只问：“老板，这个产品好卖吗？”老板会很烦的，会想：好不好卖关你什么事？

产品的突破口在哪？一般来说，快消品主要是对终端进行突破。看消费者集中在哪些终端，有了接触点就好找了，然后分类，分别走访餐馆、酒楼、夜市、超市等。

分析这些终端对产品上市的影响程度，哪些行业集中，便于上市突破；哪些是第二步才能进入的终端。有人喜欢说消费者多么重要，开口必是消费者，但新产品上市后立刻开展消费者促销活动的效果并不好。

原因是什么？

一个新产品，除了以前的大量广告拉动、炒作外，很难通过单纯的广告营销起到绝对制胜的作用。也就是说，广告制胜的时代已经远去，消费者并不是看到产品就会买的，需要有一个过程，这个过程是**先获得关注——知道、然后是感受——兴趣、再产生需求——欲望、最后才是行动——购买**。从这个过程可以看出，新产品上市首先要让消费者关注，等消费者产生了较强的欲望再促销的效果就会很好。所以，产品上市立即做促销的效果并不好。

刚上市就打折的产品卖得好吗？你作为一个普通的消费者会买吗？大多数人是不会的，因为他们不知道这个产品值多少钱，打折对他们没有价值感可言（体会不到降价带来的实惠）。终端激励不仅仅是“做终端找死，不做终端等死”那么简单，因为它是产品顺利上市的重要一环，缺少了这一环，产品在承上（代理商）和启下（连接消费者）环节都会出问题。这一环是让消费者产生欲望进而购买的重要组成部分。

（三）策略性的消费者调查

如果你在街上拦住一个消费者问：“这个产品好不好？”一般很难

得到正确的答案，要么人家不理你，要么应付你。如果你召集一些消费者开座谈会，大多数消费者会给你面子，说："还不错。"所以，作为区域市场业务员，你要"扮"成消费者和他们聊天，让他们没有戒备心理，在轻松的氛围中说出真实想法，这样才能获得真实的答案。

你可以去消费场所看看他们在消费什么？在不同场所消费的品牌或产品是否一致？只有这样，你才能知道产品上市经过渠道、终端后，采用什么方式开展消费者拉动活动，才能实现目标消费者的持续消费目的。

最后，还得引用宗庆后先生说过的话："对于市场，我跟着感觉走。"很多人批判这句话，也有很多人不以为然。但这句话的背后包含了太多的深意，你去了解一下，难道宗庆后真的是坐在家里"跟着感觉走"，才做出那么大的市场的吗？绝对不是，他每年有200多天都在出差，把根深深扎在了市场，无论是媒体、渠道、终端、消费者，都在他的"感觉中"，这才是真正的市场调研、市场调查，比起所谓的"突击型"定量研究、定性研究，不知道要高明多少倍！

业务员怎么对区域市场进行市场调研？其实就是你对这个市场的"感觉"，你能把握、控制，甚至领导这个市场的"感觉"。

销售需要悟性，区域市场的调研也一样。

二、如何做好区域市场铺货

铺货是快消品企业和销售人员绕不过去的一件大事。一年内，有几件大事要做：一是经销商会议，二是二级批发商订货，三是每年年初的

铺货（包括新产品上市的铺货），四是终端促销活动，五是消费者宣传和推广活动。事情做完、做好（当然还有区域规划、组织架构、渠道建设和优化、团队管理等方面的事情），基本上就会有好收成；做不好，则业绩平平，甚至“哀鸿遍野”。

为什么铺货这么重要？这是由快消品的特性决定的，快速、广泛分销、冲动消费、随机消费等是快消品的特性。简单来说，是为了让消费者看得到、买得到、便利购买，因为很多消费者的购买决策并不是之前就决定了的，很多情况下是随机购买。有人做过统计，快消品的随机购买发生率在30%以上，所以，铺货和管理消费者接触点很重要。

（一）第一步，了解市场的基本状况

首先要了解产品定位、消费者和竞品情况，也要了解整个市场、渠道和终端情况，这些都是基础工作，必须提前做好。产品定位为中高端产品，如果从普通终端小店铺货，效果肯定不好，铺下去卖不出去还得收回来。我们需要了解消费者，他们是怎么想的、购买心理和行为是什么，哪些场所是他们的首选购买场所，当然还需要经销商先备好货。

关于产品和消费者定位对铺货的影响，有一个很深刻的例子，这也是我的亲身经历，对我的影响极大。

我刚毕业的那一年，被派到一个区域市场，公司有一个新产品要上市，产品比较贵，按照当时的情况看，应该主要进攻餐饮和夜场（公司也没有产品的推广思路和指导意见，完全靠自己决断），大家也是各干各的。我蹬着经销商的三轮车和经销商的业务员一起在市区小店

（杂货店、小超市）铺货，共做了三天，大概铺了30～40家（现款、送礼品），一周后进行回访，产品基本没有卖出去，后来就收回来了。为什么？因为这些店不是目标客户的购买地点，也不是销售的主要场所。幸好这是一个小城市，如果是大城市，怎么办？

现在你当然会说，这些产品不是在那销售的，需要进行精准的铺货、终端推动、人员推荐和消费者拉动，但在当时，没有谁告诉我应该怎么做，也没有营销和销售的指导意见，更没有执行方案！

了解销售主渠道，主渠道是销售的根本来源。如饮料产品的终端小店、连锁便利店等都是首要考虑的铺货点，其次才是大卖场、超市和特通渠道，切不可捡了芝麻丢了西瓜。

（二）第二步，制定及执行铺货方案

第一，明确目标。铺货区域、铺货量、终端类型、数量，各终端的铺货率要达到什么比率，综合铺货率要达到多少，这些都要有量化指标。

第二，要对区域内所有网点进行一次摸排，找出适合销售的终端，对这些终端进行线路规划和编号，在这里就不单独讲解区域线路规划的问题了。

第三，在所有终端中，哪类终端是我们必须先进行铺货的，如果是饮料等产品，小店就是首选铺货终端。第一轮要求向小店铺货，不能跳点，第一批挑选的终端店必须铺货，第一轮要达到40%的铺货率、第二轮要达到60%的铺货率、第三轮要达到80%及以上的铺货率。

第四，铺货方式。跟车、现款现货，为什么？因为不给钱，他们是没有销售压力的。

第五，铺货时配备物料、礼品。铺货时，我们要加大礼品的配送力度，但对铺货的产品要收现款。

第六，铺货前培训，包括遇到问题的解决方法、铺货时的说辞等。如果遇到客户反映产品贵，你该怎么办？如果客户不理你、不满意，你该怎么办？

客户说产品贵，真正的意图是什么？如果你的产品畅销，他就不会说了，因为贵的产品毛利较高，他说贵，只是担心卖不出去。如果客户不满意你说的，不是他对你的产品不满意，而是对你不满意。

第七，人员分工，一般 2 ~ 3 人一组，按照线路集中铺货，效率更高。

第八，费用预算，赠送的货物、礼品等投入。

第九，车辆货物等安排。

（三）第三步，动销

如果经过 2 ~ 3 轮的铺货，产品已经到了终端，这时候还需要什么呢？当然是卖出去，消费者能够将其消费掉，这是铺货的基本目的。动销是怎么形成的，重要的是渠道有推动力量，也就是你的价格体系能让渠道产生推动力量，在大陆市场，渠道的作用毋庸置疑；陈列和展示能让消费者产生兴趣，激发购买；活动设置和人员推销也很重要，起促进销售和终端拦截的作用；制度化的拜访和维护、增进客情关系，这也是资源整合、动销中的一个重要环节。

（四）第四步，整体消费者拉动

如果铺货、动销的事情都做足了，那么，在整个推广层面还要做一些工作拉动销售，如结合一些活动，有奖销售、买赠、赠饮、折扣等。如果产品的品质很好，还可以做一些品牌层面的活动，如在大型广场社区举办路演活动，效果也很好。所有的新产品促销活动，如折扣、特价活动，一定要慎重。一个原则就是上市的告知和铺货达到了较高的水平，也就是有了一定的知名度和价值感。

（五）第五步，监控、评估和改进

针对某些销售不佳的区域市场分析原因，是因为铺货不佳、是动销方案不合适、还是市场维护不力等，要找到核心原因加以改进。新产品上市或者铺货，一般采用“日报”——对重点的终端要监控销售进度。如果某些终端销售进展缓慢，就要进行货物的置换和回收，上市“求势”是第一位的，“求量”则在后面考虑。一旦势头起来，产品回转顺利，销量很快就会上来的。

铺货和保证铺货率是快消品上市非常重要的工作，要力争最大的曝光度、可见度。要知道，**对一个大众的快消品来说，扩大能见度是新产品上市的第一要务。**

三、如何做好区域市场产品组合

很多人都说：“销售人员对产品的话语权很少，既不能决定产品开发的思路，又不能对产品开发做决策，有什么就卖什么，别无选择。”表面上看，这话没错，实际上，产品的更新、新产品的上市和组合，很大程度上是区域销售人员所能主导和左右的。一旦新产品上市不利，产品组合和更新不顺利，市场将会出现很多问题，甚至是致命的问题。

产品出了问题，其他工作做得再完美也是徒劳的。关于产品的重要性自然不需要我在这里赘述了，因为没有好产品的营销是空中楼阁，也是不能长久的。产品是一种强大的“销售力量”，是打动消费者并稳定消费群体、促进回头购买的关键因素之一。

在很长的时间里，营销界流行制造概念、故弄玄虚，以为只要制造出一个“差异化”的概念，将其包装和策划，形成所谓的“商业模式”就可以实现销售，如此，他们便认为可以做成品牌。结果是什么，答案不言自明，很多类似的产品不出一两年便烟消云散了。卖点、差异化一定是真实存在的……好产品才是广告的基础条件。

总之，好产品是一切营销的基础，离开产品和产品组合谈营销和销售无疑是本末倒置。

那么，区域销售人员如何做出产品及产品组合的选择，以及在产品即将出现问题的时候做调整呢？

有一个市场，每年的复合增长率在50%以上，但4年后，基本很难增长了。销售团队也很奇怪，找了很多原因，如经销商的问题、业务员市场维护问题、费用投入问题、品牌忠诚度问题，但收效甚微。

最后，已经到了十分危险和难以为继的地步：二级批发商网络到了瘫痪的边缘，分销网络被竞品冲击得支离破碎，出货基本靠业务员的推动和人员促销，自然销售和分销难以为继，没有活动产品就卖不出去。这样的市场，销售人员做起来很累，也看不到希望，经销商也怨声载道。

经过分析后发现是产品出了问题（单一、老化、利润稀薄），非主要问题是经销商和团队的问题，虽然存在各种问题，但核心问题还是出在产品上。产品老化、通路无利润是核心问题，导致分销系统瘫痪，不是没人买，而是没人卖。围绕产品问题，销售团队想尽办法、调动各方资源置换了一个新产品，然后再解决其他相关问题，市场销售疲软势头才得到遏制。

选择产品和产品组合是一门技术活，销售人员不但要知道卖产品，更要知道如何发现产品、挑选产品、培育产品、置换产品，这才是市场基业长青之路。

好产品自己会说话。一个好产品，不但要有好的包装和名字，更重要的是要有足够的消费群体，有一定的市场基础和消费群基础，从无到有培育市场的难度很大、风险也很大，一般小公司难以承受。要考虑该市场竞争状况，高、中、低档产品的市场表现，选择什么档次的产品进行市场突破。

一两个产品足够启动市场，太多的产品反而会产生冲突、分散资源。但运作到一定程度，需要做好产品组合，高、中、低档的市场开发，可以占据不同档次的市场和消费群。同时，各渠道也会产生冲突，可以用不同的产品进行渠道区隔。

一个完整市场的产品大致可以分为形象产品、利润产品、走量产品及阻击产品。销售人员要分析产品组合是否合理、能否稳固市场，并不是所有的市场都有这么全的产品及产品组合，应该全面、科学地考虑市场问题。

形象产品是一种战略性的产品，可能不需要有很大的销量，主要是为了在高端市场上提升档次感和品牌形象，附带提升中档产品的价值感。利润产品是非常重要的产品，用来支持和支撑市场运营，保证经销商的积极性和市场的稳定发展，虽然销量不太大，但也具有相当重要的作用。走量产品，这是市场稳定的核心产品，市场规模、品牌影响力和对渠道终端的控制就落在这类产品身上，虽然单位毛利不高，但销量大，对企业在区域市场的地位、影响力至关重要。阻击产品是用来打击竞品、是用来做“炮灰”的，可以用来做促销、做特价，作为渠道的滑润剂，也需要选择一些类似的产品保护利润产品和走量产品。

再畅销的产品也有生命周期，很多人说：“可口可乐没有生命周期，一百多年就卖一个产品。”其实，可口可乐每年都在不断地进行产品创新，只不过是通过更换包装、调整宣传角度进行创新而已。“两乐”都推出无糖可乐，也是以产品创新为主要出发点的。

如果你发现销量很难提升，还呈现下滑趋势；经销商无积极性，分销网络不断萎缩；团队再努力，销售也难以为继；做一些二级批发商活动、终端活动，销量会上升一些，一旦活动停止，销量马上下滑。那么，你就该好好思考产品的问题了。如产品单一、产品老化、渠道利润空间下滑至无利可图，而你的产品还没到渠道非卖不可的地步；产品青黄不接，梯队和培育后辈的力量不足。

总的说来，产品要与市场适应，找到产品在市场上的相对优势，口感、包装、瓶型、价差等。先找到突破口，再重点培育、形成规模销量，最后形成梯次化的产品组合——高、中、低档，做出基础销量，有一定的市场规模后，就会实现分渠道操作。

四、如何做有实战意义的渠道战略规划

为什么那么多的好产品、好品牌的市场难以做大？为什么市场出现秩序混乱、窜货、砸价、促销疲软？这是因为渠道体系出了问题。说到渠道，大家自然就想到营销中的 4P 之一：销售产品的通道。一般来说，大家都会这么理解：渠道就是一条通路，是经销商、二级批发商；渠道建设就是找经销商；渠道管理就是打款、发货、管窜货。实际上，这是对渠道的狭隘理解。**真正的渠道是一个战略系统，使命是完成产品（服务）从厂家到消费者手中的转移，并使产品（服务）价值增值。**

（一）渠道模式及设计

每一个企业的产品特性、消费者及市场情况都不一样，渠道模式也有很大的差别。消费品最普遍的渠道模式有三种：第一种，以娃哈哈为代表的联销体模式；第二种，以康师傅为代表的渠道精耕；第三种，以加多宝为代表的掌控终端模式。这里说的是典型的渠道模式，并不是说，所有的企业都必须采用这三种模式，但基本离不开这三个渠道"原型"。

渠道模式的选择，视企业的产品特性、消费者需求、竞争状况而定。

首先，要考虑渠道的长度。娃哈哈的渠道结构是总部——省级公司——特约一级批发商——特约二级批发商——三级批发商——终端——消费者。从这里来看，娃哈哈最长的渠道级数是六级，至少四级产品才能到达消费者手里，但娃哈哈就是通过长渠道，在2012年实现了670亿元的销售额。加多宝基本上是小区域独家经销，下设邮差直供终端，也有专门做分销的批发商，加多宝的渠道结构相对较短，经销商——邮差（批发商）——终端——消费者。渠道层级的多与少并不是销量好坏的决定因素，要看企业的实际情况，娃哈哈品类、品项、产品多，需要借助长渠道分销，而加多宝是单品，需要快速而广泛地占领各个终端。

其次，要考虑渠道的宽度。有三种结构类型可以选择：一是密集型分销，二是选择型分销，三是独家分销。一般来说，密集分销适用于快消品或广泛分销的产品，需要大量的经销商或分销商进行分销，构建销售网络；选择型分销，一个区域选择几家经销商进行分销或者直供，人多数企业采用这种方式；独家分销，一个区域只有一家经销商，由经销商负责下游网络建设，也可能由厂家帮助经销商进行网络开发和建设。现在，很多消费品企业也实行小区域独家经销制，也算区域独家经销。

最后，渠道模式的选择和设计涉及分销效率和后续的渠道管理工作，但渠道模式没有所谓的最好的模式，只有适合企业的、量身定做的渠道模式。如果企业实力不强，一般采用选择型分销，渠道模式可以借鉴渠道精耕或联销体模式，利用经销商的资源和能力完成市场覆盖，厂家提供优质产品和市场的开发方案、推广策略等支持。如果企业有实力，能够在人员、资金、宣传、经销商资源上有优势，可以像加多宝一样进行深度分销、终端管控，实现终端网络全覆盖。

（二）渠道策略选择及调整

通常情况下，我们需要对区域市场进行分类，按照每类市场制定渠道策略。一般来说，我们可以将企业的区域市场分为基地市场、战略市场、机会市场和渗透市场。

基地市场可以采用区域 ARS 策略建设样板市场，以我为主，市区、城区直营或者直供终端，协助经销商控制下游网络和终端，建立和形成一套标准和方法。

战略市场需要发展经销商战略合作伙伴，利用经销商的资源和力量开发市场。企业协助销售，帮助经销商开发市场和维护重点终端客户，同时给经销商提供可操作的市场方案、操作手法和管理标准，让经销商不仅为了短期的销量，还为了长远的、可持续的事业走到一起。

机会市场和渗透市场，主要由经销商操作，企业给予策略、方案、销售政策和部分人员的支持。

其实，这四类市场并不是孤立的，这四类市场最好能形成良性转换，如机会市场、渗透市场转换为战略市场，战略市场转化为基地市场，企业的基地市场越多，市场越稳固，销量自然会提升。

墨守成规一定会被淘汰，企业的渠道模式、商业模式也在不断地变化，只有跟上这种变化，才能获得更大的市场空间。

（三）渠道管理及优化

渠道管理首先要确定目标，这个目标不是拍脑袋想出来的，而是通过科学的分析，结合市场销售情况、团队力量、资源投入等制定出来的，大家都认可，通过努力也是能完成的。

管理好两支队伍：一支是经销商团队，另一支是厂家自己的销售队伍。我们经常忽略前者，这是一个很大的错误。经销商的销售队伍或外聘的销售人员如果放任经销商管理，基本上达不到预期效果。道理很简单，经销商肯定坚持自己的利益最大化，而不是厂家的利益最大化。

管理好、服务好经销商：第一，帮助经销商赚钱、做好生意，只要经销商赚钱，其他的事情就好办了，不赚钱，说什么也没用。第二，帮助经销商建网络、做终端，这是经销商特别看重的，也是很具体的内容。第三，实现销量最大、利润最高、消费者最多、花费最少的终极目的。

（四）渠道创新及案例

渠道创新不仅仅是找一个新渠道，如原来在小店卖，现在在超市卖；原来在传统渠道卖，现在在网上卖。这只能说是找了一个新渠道销售。我们说的渠道创新是什么呢？是基于销售或业务模式的革新。

我们要基于整个渠道的价值链考虑问题，重新梳理业务发展模式。

有一家葡萄酒贸易商，以前卖酒主要靠分销商和酒庄，单纯地靠终端店很难销售，特别是高端红酒。当大家感觉很难的时候，很多红酒贸易商就进行团购，高端红酒团购占据整个市场份额的60%～70%。当大家都来争抢份额的时候，这个市场的销售模式一定要革新。怎么做呢？有的经销商开始进行联合品鉴、推广，但效果并不好。

经常有人问："为什么这种方式不好呢?"我告诉他们："这仅仅是一种推广渠道，而不是销售的渠道。红酒本来就缺乏销售主渠道，现在高端红酒团购也走不通了，销售自然难以为继。"

在中国市场，中高端红酒没有销售的主渠道！将团购看作是一种渠道或者主渠道，但无法复制；将推广、品鉴会看作是一种渠道，但这仅仅是非销售的辅助推广渠道。

（五）打造以直营店为主的商业平台，整合资源

单纯开一家卖酒的直营店，很难吸引和聚集高端消费者，难以支撑运营。那么，有理想和抱负的运营商应该整合资源，将直营店打造成当地有影响力的旗舰店、一个资源整合的平台，有销售的功能，更要有体验、消费者聚集、会员资料收集、红酒知识普及、团队培养输出、团购、红酒知识推广等综合功能。

可以合作（行业内和行业外均可）、利用各种资源加强平台建设，做成当地企业培训交流基地，甚至是当地的一个景观。

有魄力、实力、雄心壮志的企业才能尝试，真正将高端红酒做起来需要实力，更需要智慧。

（六）公关先行，建立辅助销售平台

一定要利用好现有资源，这是最省力的方式，也是最直接的方式，可以提升平台的影响力，支撑公司盈利和平台建设。如果与政府关系好，可以将酒做成招待酒；如果与某大型企业关系好，可以做团购，甚

至可以发展政商代表为个人代理商，当然是结合物质和精神的激励。他们的关系资源丰富，给予其精神上的尊重和身份上的尊重，彰显其价值，这也有利于提高销量。

结合辅助推广渠道，并最终建立红酒的销售主渠道，如果成功地建立起高端红酒的社会化销售渠道，并成功地将模式复制到各大城市，不但“功德无量”，还会造就一个伟大的商业模式。不只自己企业的高端红酒，就连其他企业的高端红酒、进口高端红酒也将通过这个平台销售，何其壮哉！

五、如何做好区域市场渠道管理

打造重点区域市场已经成为企业营销的共识，形成区域优势市场也是很多中小企业集中优势资源和大品牌对抗的唯一出路。有“根据地”才能“进可攻，退可守”，支撑企业生存和发展并不断壮大。

经典的营销学书籍告诉我们，营销渠道的主要内容包括渠道设计，渠道结构，渠道的选择、激励、评价，渠道冲突解决方案，渠道管理、优化，渠道推广等。单就渠道管理来说，包含五大方面的内容：一是渠道流程管理，二是渠道成员管理，三是渠道关系管理，四是渠道绩效管理，五是渠道难点管理。

（1）渠道流程管理

渠道流程管理的具体内容有哪些呢？主要是商流、物流、资金流、信息流、促销流，管好这五个方面，至少市场不会出现混乱，市场基础管理不出问题，才能“长治久安”。

商流。有的销售人员可能不清楚这个概念，商流是指所有权的转变，这也是区分代理商和经销商的重要标准之一，但不局限于此。经销商打款了、发货了，我们如何协助经销商开拓市场、建立分销和终端网络，最终对经销商提供帮助、指导和管控经销商。

物流。现在电商很火，但电商的本质就是物流，淘宝、天猫很厉害，但没有物流的支撑，发货不及时、延迟一周以上的事情比比皆是。京东自建物流、苏宁自建物流，这才是 B2C 电商的核心竞争力所在。啤酒行业的竞争，为什么要实施跨省兼并、合并？因为啤酒的辐射能力很弱，一般不相邻的省市很难渗透。

资金流。怎么管理现金流、回款时间，是现款现货，还是先发货，抑或是可以赊账。一般来说，是先款后货，但也有一些重点客户，由于长期合作，可以有一个授权的信用额度，在信用期内，可以延后回款，应收账款主要是这样形成的。

信息流。信息的收集、整理、反馈都要形成一个系统，而且要做到有回复和反馈。很多销售管理者将市场的信息收集看作是一种形式，每天、每周的会议也流于形式，时间久了没有反馈，也就不再收集了。在这方面，很多企业做得很差。

促销流。促销是企业销售的重要环节，一个好的促销活动，不仅可以提升销量、锻炼队伍，还可以提升品牌影响力、改善与渠道商和终端的关系，也可以增强团队的凝聚力。在促销中，会遇到费用的申请、审核、执行和报销等问题，如何保证费用落到实处，是经销商代垫还是企业先出，要考虑好如何报销费用。活动的评估包括销售目标完成，费用、人员、活动的反响、不足，以及改进措施等。

（2）渠道成员管理

渠道成员管理包括选择渠道成员、培训渠道成员、激励渠道成员、评价渠道成员和调整渠道成员。选择渠道成员首先是经销商的选择，唯一的标准是合适。怎么才算合适，就要视市场和企业情况而定。基本要求是配合厂家的营销工作，积极开发和维护市场；有一定的资金、网络、仓储和人员。新的市场，要求经销商具备市场开发能力和下游网络，对团队的要求也较高。如果是成熟产品，则需要强大的资金实力和配送能力，这些都要视具体情况而定。经销商的作用，对渠道非常重要，如果选择不当，后患无穷。

接下来，还要进行二级批发商（特约二级批发商）甚至三级批发商的选择和网络建设。分销网络既要广泛，又要直接、有效，让产品快速覆盖终端，方便消费者购买产品。

（3）渠道关系管理

这里主要讲渠道冲突，一是垂直冲突，厂商之间的冲突、经销商和分销商之间的冲突，如回款、折扣率、激励政策、淡旺季产品供应、市场推广支持、通路调整。二是水平冲突，同一层次的通路成员关系，经销商之间由于区域划分、激励、促销政策不同引发的冲突，如价格混乱、产品供应不平衡、促销方式各异、侵蚀地盘、窜货。三是交叉冲突，不同类型渠道的冲突，如价格不统一、窜货等。

（4）渠道绩效管理

实际上，渠道绩效管理就是对渠道成员的激励、考核与改善。首先是经销商的考核与激励；经销商的管理是区域市场渠道管理的重中之重。要点是结果和过程指标制定要合理，切不可只注重结果不管过程。

渠道之乱，一个市场，数百件货物就可以将其毁于一旦，很多案例还历历在目。渠道绩效管理的指标大致分为销量（销售额）指标：要分产品、分渠道、分终端、分配具体的人；网络的构建：分销网络、终端网络的覆盖；回款、配送、价格控制、市场健康发展；各种进货奖励、年终返利；促销、推广活动执行；团队建设等。要有具体的考核权重，每月进行考评。

（5）渠道难点管理

一是回款和账期，二是分区管理；三是终端管理。涉及财务指标，回款是公司顺利运转的首要问题，对经销商的信用额度，怎么设计才算科学、安全也是考验智慧的事情。分区管理，区域是经销商的饭碗，没有区域便没有生存的空间，区域大小设置问题也需要好好考量，怎么才能有效覆盖而又不发生冲突，不至于开发不到位而给竞品机会。终端是产品与消费者接触并完成价值交换的过程，渠道管理通过终端重心不断下降，完成销售的临门一脚。

上述是经典营销理论告诉我们的区域市场渠道管理五大方面，如果将其和具体的区域市场案例相结合，对一个基层的销售人员和主管来说，应该怎么做呢?

（1）管住核心经销商

区域市场管理中渠道管理的重要内容是要抓住核心经销商和重点二级批发商，单靠企业自身的力量很难有效地管控终端。销售人员要根据区域市场的特点，寻找、培养核心经销商，形成区域的合理分配和区隔，保证经销商有利可图、有发展空间。同时，企业也要在区域内制衡经销商的力量，可以将一个大区域划分为几个小区域，实行小区域独家经销制，县城之间可以设立单独的分销商。

（2）围绕核心经销商建立分销网络

围绕核心经销商建立分销网络，可以帮助经销商做大、做透市场，提高销量，增强市场的控制力。渠道不断下沉，抵御竞争品牌对市场的蚕食。

对快消品来说，分销的力量是核心制胜因素之一，每个区域必须把握区域分销网络的推进进度，进行评估和优化。

（3）形成有竞争力的渠道模式

渠道模式决定渠道策略，总有一种模式是企业区域市场的主渠道模式，有的是采用总经销、有的是小区域独家经销、有的是“办事处平台＋协助经销商分销”、有的是“办事处平台＋经销商直供终端（深度分销）”。后两种较多，更有利于深度开发市场。

（4）更深层次地开发特通渠道

如果常规渠道开发进入平稳期，市场的潜力已经发掘到很深的水平，可以有选择地进入特通渠道。特通渠道就是除了常规的批发流通、卖场、连锁超市、便利店、小店、餐饮等之外的特殊通路，分为机场、码头、工厂、小区、网吧等渠道。刚开始，这些渠道难度较大，一旦合作，销量就会稳定。

（5）形成渠道的整体考核激励机制

渠道的稳定、提升除了需要挑选、培养外，还需要进行利益的分配和引导。在制度保证下，才有持续健康的发展。渠道考核分为销售目标完成考核、分销网络建设、有效网点、新产品推广、配送能力、团队管理、经营意识、配合度、服务水平等；渠道激励分为返点（可根据任务量进行返点，也可年末模糊返利)、进货坎级奖励、团队人员支持、物料支持、预付款进货奖励等，当然有各种流程、制度需要进行约束和激励，完成的有奖励，完不成的一定要有处罚措施。

六、如何做好市场价格管理

很多人都会说："价格是销售人员不能左右的，我们不能决定价格，就像销售人员不能决定产品一样。"其实，我们说的价格，远远不是表面上的终端价格，或者零售的高价、低价。

对长渠道和复杂渠道的快消品来说，很难有一种产品不是同质化的、没有竞品。这时，最重要的是定价格体系，而不是定终端价格。价格体系是从出厂价、分销价到终端的价格链条，对大多数中国企业来说是非常重要的。因为现有的大多数企业（长渠道的快消品企业）不可能做到直供和直销，一定要借助分销的力量覆盖市场。就算家电企业，直接开专卖店的方式是否算成功也值得商榷。如果产品，特别是新产品在上市期间不能保证渠道成员的合理利润，渠道就不会推动产品的销售。

对于涨价的事情，我的观点是只要不是相互串通、垄断市场的行为，仅仅是一种市场行为和企业行为也无可厚非。毕竟，企业要追求利润。饮料、啤酒企业做得更聪明，它们不直接涨价，但减少净含量，价格没有变化，消费者对减少净含量的态度：一是不容易察觉，二是不敏感。饮料、食品的消费者很敏感，进而影响购买；而日化产品涨价，消费者敏感度会低很多，这也许是联合利华直接涨价的主要原因。

在包装上“做手脚”，啤酒行业10年前就开始了，只是那时大家的关注重点不在这里。玻璃瓶装的啤酒开始都是640ml，后来从620ml变成600ml，大概在2000年左右，福建惠泉推出了500ml的产品，从此开始了啤酒包装的革命。现在，450ml的啤酒产品很多。640ml的啤酒变成450ml，按照一箱12瓶、每箱36元的零售价格算（只推算理论上的终端价格，不是计算企业的生产成本），每箱可以降低成本近10.7元。很多时候，因为差异化，450ml的产品可以卖更高的价格。

价格体系不但可以决定产品在终端动销，而且决定了新产品用多长时间把市场做起来和能做多大的市场。在同质化的今天，快消品靠什么赢得市场、品牌？短期内有起色吗？产品？你有我有大家有！渠道？你有他优！宣传？做得过现有产品吗？那么，只有在价格体系上做文章，让产品在终端动销、渠道顺畅，更重要的是获得推动力。“定价定天下”不是一个个的技巧，而是对价格体系的把握和控制，让渠道推动产品，让终端推介产品，最后让消费者买走产品。

做食品、酒类等快消品的营销人士都知道，品牌或者产品的价格管理非常重要。也就是说，除了产品好、品牌形象好外，价格的设定，价盘的设计、控制对市场非常重要。理论上，价格较高或较低都不利于销售和市场竞争。价格较高，会损失销售机会，给竞品上量创造条件；价格较低，表面看销量会增加，但获利渠道和终端的连锁反应使各级渠道成员获利能力下降，最终影响产品的销售。

前一种情况，也就是价格偏高的情况，一般来说，问题不大。因为价格高，只会短期影响销量，对渠道获利能力没有较大的负面影响，而且只有在渠道预期销售较好、对市场需求形势预判向好的情况下才会提高价格，随着竞争和供给的平衡，不久，市场也会达到平衡。

而后一种情况，如果产品被各级渠道成员降低价格售卖，这是快消品企业要控制的行为。否则，价格体系一乱，销售将受到严重冲击，这绝不是危言耸听。媒体消息：2013 年 12 月 18 日，茅台集团董事长袁仁国在茅台经销商大会上提出“限价令”，要求 53 度茅台零售价不能低于 1519 元/瓶，而团购价不能低于 1400 元/瓶，任何经销商违反这一价格指令都会受到严厉处罚。同月，五粮液也发布了《五粮液营销督查处理通报》，希望以此来“保价”，并惩罚低价、跨区、跨渠道违规销售的经销商。

为什么降价销售的危害会这么大？为什么茅台、五粮液要“保价”，出台严厉的措施处罚低价、降价、跨区销售的经销商呢？

首先，降价会引起渠道的连锁反应，降低各级渠道的利润，渠道积极性下降，不愿意销售、更不愿意推动产品销售，会对渠道造成致命的打击。

其次，降价会引起价格混乱。降价销售，会引起渠道的价格冲突，各级渠道销售的价格不一致，让下级网络和消费者无所适从，如各级价格不统一还会出现跨区销售。其实，跨区销售对价格和渠道的影响也不好。

最后，降价或者低价销售会破坏产品和品牌的形象，对品牌带来不利的影响。比如，消费者在这家店买的产品是 1500 元，那家店却卖 1400 元，很容易让人产品不正常、假货、上当受骗的感觉。

七、如何做好区域市场推广

区域市场目标可以分为结果目标和过程目标。对基层业务员和主管来说，分解的办法基本是高层定任务、中层分解、基层执行，很少有“协商”的机会。很多基层销售人员和主管管理一个区域市场或者几个小区域市场，所以，要进行目标分解。只有目标分解好了，才能做到强有力的执行和取得更好的效果。

过程目标：市场开发进度、价格控制、窜货、月度计划、周计划、日拜访表、销售会议。

结果目标：主要是销量目标（销售额）、利润目标、经销商数量、分销商数量、有效终端、费用。

过程目标分解和管理。销售是一个系统工程，做好不易，但一定有方法、步骤和突破口。结果好设定，但没有过程的分解和管理，结果能实现吗？答案是显而易见的。

市场开发进度：要监控和把握关键节点，要有市场开发进度的里程碑。销售人员最怕的不是遇到市场问题，也不是销售目标一时难以达成，而是温水煮青蛙，在不知不觉中，市场已经一塌糊涂了。要避免这种情况，就得要求销售人员保持对市场的敏感度，对每年的销售目标达成的过程时刻保持高昂的斗志，还必须对该区域市场的每一个环节了然于胸。如销售人员到市场上，年初做什么？要注意什么问题？对快消品来说，年初要举办二级批发商的订货会，将货物从经销商的仓库转移到分销商（二级批发商）的仓库，之后要制定铺货方案，终端铺货要达到一定的比例，如 70% 以上，启动动销方案和消费者活动方案，拉动市场消费，最终实现整个市场的正常销售。

在这个过程中，我们需要把握几个里程碑和关键点。

第一，核心经销商和二批网络可控吗?

第二，利润分配足够驱动分销网络吗?

第三，终端动销方案可行吗?

第四，消费者自然消费形成了吗?

虽然是市场上较为宏观的方面，但如果没有这种大局观和意识，很难做好区域市场。因为目标和目标管理，并不是冷冰冰的一组数字，需要我们用智慧和汗水共同完成。接下来，我们要有具体的过程指标，用来规范销售人员的销售过程，如例会、日拜访表、周计划、月度计划、月度总结、销售会议等。

很多人说："快消品业务员的报表太多了。"他们只是从报表的总数上说的，实际上并不多，因为销售人员每天要填写的表格就是日拜访表，主管或经理填写检查表，其他表格，如促销申请、记录是有促销就填，没有则不填。总结、计划，每周或每月一次。做好过程管理，一定要有这样的制度。

做好过程管理，除了上述几点外，还需要围绕过程目标不断分解小目标，让销售过程充满变化，而不是一成不变。销售人员反映的问题一定要及时解决、及时反馈，如果不及时处理，会打击士气的，有可能再也得不到有用的市场信息。对于价格管理，可以实行一票否决制，窜货也可进行区分和严格的处罚，恶意窜货可以扣保证金、扣返利，甚至取消经销资格。

过程管理的权重视区域销售人员的岗位而定，占30%左右。过程是基础，没有过程，不会有好结果，就算短期内有好结果，也不会长久。

再谈谈结果目标。销量和销售额、分销商数量、终端网络、销售费用、利润等，都是硬性指标。

前面已经讲了销售目标和销售任务的分解，这里不再赘述。

产品维度：我们要知道，公司层面下达的区域总目标、销量是什么？销售额是多少？这些都需要按品牌、品种等分解。分解好了，我们就能清楚地知道这个区域市场一年要完成的销售额和分品牌、分品种的销量。

经销商维度：每个区域、每个经销商需要完成多少量，绝大多数的快消品的销售目标，说到底还是由经销商打款完成的。分解到经销商层面的销量才有可能完成，甚至销售人员还要将每个经销商的一部分任务分解到重点分销商的头上，配备一些批发渠道销售人员。

终端网点数量：大致要覆盖多少终端，有效的、重点的终端是多少？每个点的销量都要预估，保证分销渠道的畅通，也就保证了任务的完成。

销售费用的投入，根据上一年度的使用情况和销售任务情况，围绕渠道、终端、人员、活动分配费用。

如果市场比较成熟，可以联合经销商开发特通渠道，以便更加精细地开发区域市场，如餐饮渠道、工业区等封闭的渠道；要有专人做方案的制定和执行工作。

执行靠的是团队的执行力，首先，团队对销售目标的认识要一致；其次，要有明确的制度；最后，团队的整体素质要达到要求。

执行力的提升，与核心经销商和重点分销商联系紧密，利用渠道的力量进行分销和网络搭建，重点提升和培养企业团队和经销商的团队，一旦渠道力量和网络完善了，市场就能快速发展。

八、快消品经销商如何“破局”二三线市场

食品饮料市场，中心城市的竞争日趋激烈，餐饮、商超名目繁多的费用已经让经销商苦不堪言。就算有一定的销量，也是“杀敌一千，自损八百”，得不偿失。让经销商焦虑的是，今年的铺货、订货会、促销过后，明年呢？没有积累、没有根基，每年都必须重新开始。中心城市已经成了展示实力、“烧钱”的战场，但我们必须找到根据地、找到新的利润增长点。

增量的方法不少，渠道下沉是一种方法，多渠道操作也是一种方法，而最快、最有效的方法是将二三线市场做透，不需要掌控终端，只需要渠道精耕。二三线市场非常适合做渠道精耕，这是康师傅行销中国二十年的精华，很有借鉴意义。

机会一定存在于一线城市的周围和周边，“农村包围城市”的战略有了新的含义。我们先来界定一下二三线市场，二三线市场主要是二线、三线城市、县城等市场，也包括发达城市的县级和部分乡镇市场、中心城市的周边和接合部、工业区等封闭场所。

（一）区域战略思维先行

1. 打造二三线市场根据地

区域企业不但在生存，而且在发展；区域企业在区域市场不但要防

御，而且也进行着“反击”。在这里，不得不说的是“战略纵深”。“战略纵深”不断地被企业提及，作为现代军事的一个重要思想，被毛泽东在解放战争中吸收和革新，为中国革命成功立下了汗马功劳。在毛泽东设计和指挥的解放战争中，“战略纵深”在本质上是“根据地”和“运动战”的完美结合，以此为“战斗策略和方案”创造时间和空间上的机动，而不仅仅是我们认为的“游击战”。

“战略纵深”不是被大企业、大品牌赶得“漫山遍野”跑，而是要看准时机，狠狠一击是为其一。更多时候，在时间和空间上让对手无法下手。比如，控制渠道，让竞争对手找不到优质的经销商。

在活动的开展上，以点带面，让大品牌不敢跟进是为其二。为什么大品牌不敢跟进？如果在点上进行营销活动，一来耗费资源少，二来如果竞争对手跟进，很快可以将其“扑灭”。如果进行大面积的活动，在一个成熟市场将花费大量资源，竞品由于销量少，完全可以跟进，可以比你的促销力度更大。最后，渠道和终端依赖促销，损失大的自然是成熟品牌的产品。

2. 找到引爆点

每一个市场都不同，但每一个市场都有一个或几个关键要素，找到它、解决它，就能引爆这个市场。引爆点也许是某个类型的终端，也许是分销的某个环节，也许是产品组合和生命周期。比如，华中某二线市场，B 品牌销量一般、增长乏力，虽然每年终端铺货不错，促销、有奖活动不断，但基本属于“促就销，不促不销”，每年的销量基本来自推动力量，大家都很累。

怎么办？市场面临挑战，我们从几个维度重新审视市场。

第一，渠道推力为什么不强？

第二，终端的接受程度高吗？

第三，消费者的忠诚度问题。

第四，分析产品的价格、利润体系。

第五，原有推广、促销评估。

我们发现，真正的问题只有一个。那就是在竞争品牌的压力下，价格体系穿透各级渠道成员，特别是二级批发商无利可图。换句话说，产品严重老化。

这也就不难理解，为什么有促销就能提高销量，一旦停止就打回原形，不是因为终端和消费者不接受产品，而是渠道不愿意免费送货。经过新老产品组合、经销商网络优化、推广促销政策调整，市场得到了明显改观。

3. 做透一两个渠道

启动区域市场，渠道是关键。开始的时候，一定要找准突破的渠道，一个或两个都可以。例如，中高档白酒一般会从餐饮终端启动，然后进驻卖场、酒类专卖店，最后带动渠道分销上量。每个品牌都这么做的时候，效果自然不好。怎么办呢？如果给你 500 万元，你能成功地启动一个大的区域市场吗？有一个品牌做到了。重庆排名第二位的白酒品牌就是用一个特殊方式，付出极小的代价打开了重庆市场。它是怎么做的呢？

第一步，招人。招人应该不难，但如果是“正常”招人，估计没有效果。招熟悉夜场的女性，她们有广泛的社会资源，招 100 人，每人 1 万元的启动资金。

第二步，每人谈5家酒楼，在酒楼里买消费卡，消费可以打折，要求是让白酒进场。

第三步，通过自身的资源，让客户消费打9折，但一定是这个品牌的白酒。我想餐馆不会拒绝。因为你帮他们揽客，何乐不为。

经过滚动发展，几个月后，这个品牌的白酒就遍地开花了，成为重庆市场的第二名。

（二）找准区域产品及产品组合

寻找和培育适合的产品和产品组合。对于中低档的白酒市场，产品口味是第一位的，其次是价格。区域市场产品定位和组合决定了市场的开发力度和速度，最后也会反映到终端的接受和经销商对终端的可控能力上。

高、中、低档产品都需要组合，但跨度不要太大，如果做低端产品，几元到几十元的产品为主要产品，一百元到几百元的产品最多是辅助和展示用，因为渠道和市场的启动方式差异很大。

（三）区域架构及团队建设

事情总要有人去做，区域二三线市场非常适合做渠道精耕，可以按照渠道精耕的方式进行区域市场的架构设置和团队建设、设立办事处等常驻机构。对于分销，要精选分销商和建立重点的二批分销渠道和团购渠道，制定相关的政策和考核措施；终端分为餐饮、商超、小店、专卖店等。

团队架构主要是一个业务经理负责一个大区，下设外派机构，外派机构下面按照城市设立主管，主管下面设业务代表，实行全渠道管理。

（四）具体策略

对区域中低端白酒来说，要做好以下三方面的工作：

1. 批发做管理

对中低端白酒来说，只有做到、做通批发才能上量，单靠自己向终端铺货得不偿失，而且效果很差。批发做管理，要做哪些事情呢?

第一，客户选择和开发管理。

第二，库存管理。

第三，价格管理。

第四，冲货管理。

第五，生动化管理。

第六，促销管理。

2. 终端做形象

主要做到生动化、规范化、标准化。

生动化的核心：可见、可获、方便购买。

生动化的目的：增加商品的回转率、刺激终端客户售卖及消费者整件购买、建立良好的渠道关系、树立良好的公司形象、使营销活动在批发市场上发挥最大的作用。

注重物料的使用：如印刷类物料和耐用类物料。

生动化陈列的要点：突出陈列、焦点陈列、综合陈列、纵向陈列、水平陈列、广宣物料配合造势（含主题活动）、教育客户、保持堆箱执行、让客户保持良好的堆放习惯、坚持和重复。

业务员做生动化之前，要注意：第一，有没有工作计划。第二，有没有工作内容。第三，有没有工作标准（生动化的 9 项原则）。解决好这些问题，基本可以推广、复制，否则，就难以陈列到位。

3. 消费者做促销

促销是营销组合的四大要素之一，是企业营销策略的重要组成部分，也是企业参与竞争、贯彻各项战略意图的利器之一。

促销管理的原则：提升铺货率、提高销量、新产品上市、季节性调整、帮助客户消化库存、应对竞争、开发新客户。

促销管理技巧：

（1）联谊会（体现合作伙伴的重要性）。弱化订货的氛围，以感情和互动为主，突出情感、合作，而非产品。

（2）订货会（产品品类组合促销套餐，提升销量）。一个客户做了好多年的多个品牌的代理商，只做现代卖场，传统渠道一概不做，要做也是坐商的派头。实际上，我们发现，有三个因素制约他的生意发展：一是主次不分，什么都做；二是渠道不畅，没有影响力；三是不投入，或者不知道怎么投入。后来，我们围绕“通渠道”的策略，聚焦重点产品进行投入，通过订货会的方式，加强分销系统的建设，取得了非常好的效果。将终端和分销结合起来，激活分销，使终端得到支撑。

（3）其他。现场售卖，卖场的买赠、特卖、赠品的搭配，产品的组合等。

（4）原则。先乡镇后城镇，先分散后集中，先小户后大户；无寄仓、现金结算、销量挂靠虚户、合理压货。

超出客户的消化承受能力的压货行为是跨区域低价销售的根源。

（5）促销管理注意的问题。时效性、力度和频度、形式很重要，执行和区域联动是落地的关键，严禁寄仓、折实物发放；严禁过度压货，时刻监控和关注市场价格秩序。

第二章

构建快消品高效营销团队

一、团队管理管什么

有一位大学毕业不久的销售主管问我：“我做这份工作三个多月了，因为业绩突出、表现优异，刚过试用期就被公司从销售代表晋升为销售主管，可是，心里总不踏实，一时难以适应。”

我问他：“为什么？”

他说：“一开始，大家都是一样的，现在我成了他们的领导很不适应。我没有自信，不知道怎么管理他们……”

销售人员总有一天会成长为主管、经理或者高层次的管理者。管理，一是管事，二是管人，更高层次是管人心。

（一）管事

科学管理就是把事情管好。很多人认为，无论谁来做都一样。管理者会不断地告诉你，企业要发展、要壮大就必须打造完善的制度、流程和平台。这样，企业就会越来越好，离开谁也无所谓了，正所谓铁打的营盘流水的兵嘛……

但企业忽略了人和人才的重要性。这些企业的管理者太忙了，忙于赚钱、忙于制定各种严格的制度，没有时间考虑人的问题。考虑事情都来不及，哪有时间考虑员工呢？有很多公司的老板都在说：“中华儿女千千万，不行就换。”说得多么轻松和潇洒，仿佛他就是世界的主宰，是员工的神。

只能把事情管理好的人最多可以做办公室主任，上传下达，要他管人、管人心就勉为其难了。把事情管好，但事情总要有人做，自己一个人累死累活，能做多少事情?

（二）管人

这是第二个层面，把事情分配下去，可以授权，可以按照个人的特点有重点地分配任务和岗位。

一个优秀的业务员和一个普通的业务员，有一个“好”市场和一个“差”市场，两个市场都有“潜力”可挖。如果你是领导，你会派谁去“好”市场，派谁去“差”市场?

看看盖洛普公司经过多年研究后得出的结论：

始终要派优秀的业务员去“好”市场，唯有优秀的人去“好”市场，才能帮助这个市场持续地成为“好”市场。因为“好”市场还有潜力可挖，对优秀的业务员来说，帮助“好”市场更上一层楼，其难度绝不亚于帮助“差”市场摆脱困境。不仅如此，优秀的业务员去到“好”市场会更有乐趣、更有成就感、更能出成果。让优秀的业务员去管理“好”市场，然后裁撤不能胜任的前任，再挑选一名扭亏为盈的高手去做“差”市场。

表现一般的业务员绝对管理不好优质的市场，而“差”市场则会拖垮原来表现优秀的业务员。如果弄反了，你不仅会搞垮两名业务员，还会使市场销量减半。

区别对待员工，管人有多重要就不言自明了。

（三）管人心

管人很重要，但和管人心相比，还差一个层次。我认为，管理的最高境界不是“无为而治”，而是管理好人心。管理上司、横向管理、纵向管理，其实都是管人心。

制度完善了，流程、平台全搭建好了，但下面的人不服气，自然不能把大家拢到一块。表面上，事事有人做、人人有事做，但效率极低、内耗极大，关键是大家的积极性和创造性不高，处处算计、锱铢必较。

人心怎么管？首先要受到尊重，尊重权利、权益，最重要的是尊重人性。老板也好、管理人员也好，员工也罢，除了工作外，还要有正常的生活，这是保障。否则，怎么能够安心做好工作。

人心的聚合不是靠几句标语、张贴几张海报，也不是发表一通热情洋溢的演说，之后变成“说是说，做是做”。如果这样，员工也会变成“说是说，做是做”的两副模样。

把员工当成敌人、站在对立面所谓的“科学管理”的观念应该改一改了，世界上有“坏人”，我也相信，但要想一想，这样的人是怎么“变坏的”。还有，真正有凝聚力、言行一致的企业，员工也不会傻到“没了良心”的愚蠢地步。

管理是管事，也是管人，但本质是管人心。“众人一心，其利断金”，可要在复杂多变的环境下，凝聚人心也不是一件容易的事情。有一点是可以做到的，那就是尊重人和尊重人性。

二、如何做一个好主管

已经是 10 年前的事情了。我刚从事销售工作第一年接受的一次培训，至今还记得培训名字——如何做一个好主管。这次培训也许不是我的职业生涯中最重要的一次培训，现在也忘记了培训的详细内容，但这次培训给我内心带来的震撼，直到现在也未消散。

看了很多怎么做好主管的文章，总感觉少点什么：只有应具备的基本素质，至于怎么“做”好主管则语焉不详。只告诉别人这样就是好主管了，这是静态的东西，而“做”好主管，则是在动态中、变化中怎样“做”好主管的这个角色。

根据麦肯锡的观点，我们可以得到这样的结论：不要把假设当作结论。在这件事情上也是一样的。不要跟别人说：“你只要有领导能力、沟通能力、执行能力……这样你就是一个好主管了！”关键问题是，怎样才能具备这些能力呢？也就是说，怎么“做”，才能成为一个好主管！

下面举例子说明怎么才能成为一个好主管，从这些例子中，你也可以看到反面——怎样不是一个好主管！

一家小企业，老板很有眼光，也很有实力，应该说各方面的专业素质都很强，但多年后，这家企业还在原地踏步，很多后成立的企业都超过这家企业了。老板的专业能力很强，不容许别人质疑，也容不得不同意见。凡是有能力和思想的人都会表达自己的想法，长期做傀儡肯定难受，时间久了，得不到满足、价值无法体现，必定走人。

专业永远是第一位的吗？很重要，但不绝对。如果你是一个人奋战，专业可以在短期内助你开疆辟土，但成为一个团队的时候，就需要相互支持和配合。人不是万能的，也没有永远正确的时候，因为你无法在所有时候做完所有的事情，并且不出错。

这个案例说明：一定要能容忍别人，包括你的下属和下属的某些缺点。

有一个员工，各方面都很好，上班期间工作认真、仔细、负责，但有一个缺点——经常迟到，除此以外都很好。怎么办？他的老板也向我提起这件事，我对他说："第一，人都是有缺点的，看这个缺点对工作和公司的影响。第二，经常说已经没有用了，习惯很难改变。第三，换一种办法和思维也许能行得通。"因为他是一个私营店铺的经营者，不可能用考勤、扣工资等强制手段。

我的建议是，采用提醒的办法，明天什么时间有什么事情要处理；最好的办法是，迟到几分钟下班时补回来，这样，他就不会明目张胆地迟到了，迟到受到处罚比罚款效果好多了。

如果一味地扣钱，显然行不通，毕竟人家的工作效率很高，再找一个人就算不迟到，但碌碌无为或上班偷懒、消极怠工又有何用呢？

目前，很多企业的主管会呈现两种不同的管理风格：一种是放任型，另一种是严酷型。前一种只要结果，没有结果就挨一顿骂，轻则扣钱，重则调离；后一种事事亲自上阵，下属没有权力就没有责任，当然也没有积极性和责任感。控制力是必需的，但过程的控制才能取得完美

的结果。

大家都在说："管理的重点是管人，人才是最重要的因素。"但有多少人能做到唯才是举、唯才是用呢？放下小团体的利益、私人利益不说，能做到心胸豁达的人也不多。

有人对我说："做人就要'眼高手低'，'眼高'就是眼界高，'手低'就是从细微处着手。"

作为主管，不仅要容忍下属的某些缺点，还要具有战略眼光，能控制局面。否则，大家都在茫然、被动中得过且过。将帅无能累死三军，主管要明确方向，并在负责的工作领域内直达目标，找到通向目标的途径。

用人的问题，一直考验着主管的眼光。如王永庆先生将人才分为四类：勤劳而聪明、聪明不勤劳、勤劳不聪明、不勤劳不聪明。

王先生认为，勤劳而聪明的人不可重用。原因是，一个人如果两样全占，看上去是难得的全才，什么都自己干，事无巨细、亲力亲为，结果就是底下养了一群懒汉，剥夺了员工成长和存在的价值，主管自己"行"而员工"不行"。相反，聪明而不勤劳的主管反而能调动团队的积极性，他能指挥全局，他的不勤劳（懒惰）使他避免亲力亲为，让手下人忙碌起来。从这个意义上说，他的懒惰反而使团队中的每个人都体现了自己的价值。

勤劳不聪明的人不可用，不勤劳不聪明的人反而能用。不勤劳不聪明的人可用之处在于，每个人都认为比他优秀、比他有用，他的存在能让其他人找到自信，一个团队里有这样的"底子"平衡淘汰率。勤奋不聪明的人不可用的原因是，愚笨、不聪明的人，当他找不准方向走错路时，他有股子倔强劲儿，加上勤劳，他会坚持错误的方向，走得越来越远，给团队造成的损失也越来越大。

其实，我们这里说的主管还没有到王先生说的层面，如果真有勤劳不聪明的人，估计也很难到那个层面了，所以假设不成立。

我认为，主管用人一定要用勤奋的人，但不一定要聪明（当然不是很笨、无可救药的人）。我见过很多聪明但懒惰的业务员，经常耍小聪明，联合终端小店侵占公司铺货的产品。我就当面指出："如果不改，一辈子将一事无成。"

第一，主管的为人处世，这也许是主管成功与否的不二法则。首先是有效的沟通，而不是命令和违抗。对下属，不要总用命令的口吻，不要有事没事就一通啰唆，什么时候都离不开严肃的话题或工作话题。要有点情趣，不断调动下属的参与性和积极性。每个人都有自己的空间，不管生活还是工作，尊重你的下属吧，不要在下属面前装成"你在各方面都是专家"，其实，他们不喜欢。

对上司，不要事事顶撞，就算有不同意见，也要分场合和时机提出来。原则问题当然不能让步，这对上司和下属都是一样的，除了这个原则，其他事情有时候是需要放弃的。没有人喜欢跟一个事事要争辩、要取胜的人在一起。

第二，要有一点"政治头脑"。不向下属或客户传播公司的负面信息，就算出现了负面言论，也要将"负面的东西正面说"。对下属也不要知无不言，该说的说，为自己留有余地，其实也是对下属的积极性保护。

第三，主管也要和公司总部保持良好的沟通和互动。让总部职能部门知道市场发展情况，以及要解决的与他们相关的问题。这样，职能部门也会认为你很重视他们，他们也体现了价值。有人说："公司的某些'闲人'是绝对不能得罪的，而忙人可以得罪，因为'闲人'有时间和你周旋，忙人没时间理会你。"这充分说明了和总部建立良好关系的重要性。不然，"几道金牌"下来，你还不知道怎么回事就成"烈士"了。

做一个好主管，专业能力是基础。看看世界 500 强企业，有多少高管是专业技术出身的？主管应该是一个具有管理者的角色或具有管理背景的人，能运用管理手段促进团队协作、团队高效运行并实现企业目标的人。

三、快消品市场主管最需要什么

有人对我说："提供一套'制度'给基层主管人员，让他们做就行了，何必那么累呢？"事实上，他们说得没错，但他们的思维都源于大企业的正规化和成熟市场的管理思维。对很多中小企业来说，这种上来就进行制度改革和流程优化的方式显然是行不通的。

第一，基层的销售主管需要什么？

我们走访了很多卖场、二批终端和小店，发现了很多问题，尤其是卖场，几乎到了让人难以容忍的程度。但我们又不能怪销售人员和主管，因为我们对他们的工作缺乏了解和指导，没有规范、没有标准。

有的主管自己也不知道该做什么，不知道有什么要求和标准。因此，需要采用指导为主、检查为辅的方式。

一个销售人员要做好工作，首先要有一个好的心态，不要总认为做了很多工作，都是为厂家或经销商做的。我一直认为，你所做的一切都是为了自己，没有人希望一辈子都做销售人员，都希望有更大的发展空间。如果想到这一层，也就没有人偷懒、耍小聪明了。

第二，在这里做不好，在另一个企业也照样做不好，不要企图逃避问题，要突破瓶颈、成就自我。

第三，沉下心来，接受新事物，发现新思维，找到新方法。只要想办法，总会找到一些销售规律。

第四，销售到了最高境界，一定归结到人性，了解人性才能将销售做到极致。

上述是宏观层面的东西，做到两项属于合格的销售人员，做到三项是优秀的销售人员，做到全部是卓越的销售人员。

观念是很难改变的，但可以慢慢调整。如果对企业、对产品一直有成见，是很难做好本职工作的。所以，一定要认同公司的价值观，否则，工作难以持久。这就涉及销售人员的选拔标准，这里不再赘述。

观念改变了，下面就是技巧和方法，也就是技术问题。我认为，技术问题比较容易解决。大家可能有疑问？销售是一门学科，怎么说技术问题比较容易解决呢？正是因为销售是一门学科，才有规律可循，有标准和规范可讲，可以进行量化和数字化。而观念需要很长时间改变，因为很难量化和标准化，只有从行为、方式上判断，也就是用行为影响观念，最终改变之。

基层主管，特别是某些经销商队伍里的销售主管，缺乏系统的培训和基本的销售技能。结合具体的情况，我将其分为三个部分。下面就是基层主管需要提升的三个方面，做到了这些，就一定是一个优秀的销售主管。

第一，工作规划和计划。

基层主管需要工作规划和计划吗？当然需要了。区域市场的状况是什么？本品处于什么位置、产品线、结构？竞品情况如何？价格体系、渠道分布、市场表现、线路是怎么规划的？一周工作是怎么安排的？老客户走访的数量、新客户开发数量是多少？而不是走到哪算哪，熟悉的天天去，不熟悉的一个星期也不打照面，以至于自己的产品被搬到了死角也不知道。产品被商场做特价，价格超低，有的业务员还乐呵呵地说："你看，超市自己做的，低价，销量肯定多嘛。"

为什么做计划？一是提升拜访效率，二是稳定客户关系，三是提升市场维护力度，四是让基层主管人员的行为可控，而不是处于"放羊"状态。

没有计划，整天就跑那几个便于维护的店，新客户、难缠的客户肯定没人管。

第二，具体的工作内容。

带着问题去市场，一定要解决问题。对卖场来说，主要是产品陈列、堆头陈列、货架陈列、广宣品使用、价格信息准确性、库存、产品组合、竞品、客情沟通等。

堆头，一般是花钱的，一定要按照陈列标准进行。对于一些小的卖场或超市，可以做几件事情：堆头一定要正面陈列产品，要饱满，一个堆头上不要摆过多的产品，最多摆 3 个产品，而且要以整箱陈列为主。堆头上方的价格和广宣品一定要突出，特别是价格，没有价格或价格不准确的产品很难销售出去。促销产品、特价产品一定要上堆头。有销售人员问："怎么摆得下？"特价产品可以向 BC 类超市申请一个或半个免费堆头，一定要以整箱陈列为主；2～3 个重点产品为一个堆头。要合理利用堆头下方的空间，不要被竞品抢占；如果经常库存不足，被别人抢了位置和空间也很正常。

货架，有些小超市没有货架陈列你的产品，所以，一定要将产品单包、单个地陈列在一个堆头上，重点产品和特价产品要另外陈列在一个堆头上。排面一定是抢来的而不是买来的。

第三，工作规范和标准。

规范包括工具包，工具包包括前面提到的基本工具，还有 POP、小礼品，和商场里面负责理货的工作人员联络好、沟通好，你会省心很多。其实，代价仅仅是一份小礼物，送给谁不是送呢！调整一个堆头和排面，按照规定要主管以上的商场工作人员批准，但在很多 BC 类的卖场，一个理货员就可以帮你调整好。

第四，报表制度。

常规的有线路图、拜访表、客户卡、资料册、周计划、月计划，最后是进行推广活动的申请和记录表格。看似很多，实际上，每天要填的表格不多，业务员填写拜访表，活动有则填写；主管填写检查表，如果有活动则要填写活动记录表，很多报表是每周、每月或者有活动时才填写的。

四、快消品销售人员的选拔和培养

每天进入销售行业的人太多，而每年从业务员岗位结束销售生涯的人也不在少数，而真正能从销售做到总监或负责公司营销的人凤毛麟角。

企业要关注销售人员的需求。企业不仅要不断招人、培训，还要关注他们的需求，只有知道销售人员需要什么，才能培养好、用好和留住他们。对销售人员来说，这可能不是问题，但我想，很多人也走了不少弯路，也有很多心酸的故事。特别是新人，如果有专人指导，情况就不一样了。

很多人都会说："销售嘛，多看、多听、多问、多干就行。"这是简单的表述，怎么才能实施？有标准吗？有人认为，做好销售要多参加培训、多看书……但往往基层销售人员缺乏培训，又最需要培训。

很多人认为，销售是一个门槛很低的职业，没办法了才用其糊口，这是大错特错的。很多销售人员一辈子就结束在职业的不断转换中，实在令人遗憾。那么，销售人员怎样才能成长呢？

第一，培养兴趣。兴趣是最好的老师，首先要对行业和企业有兴趣，这是基础。有人会说："现在找工作那么难，还说什么喜欢不喜欢，只要有份工作就不错了。"当然，先就业不错，但至少不能讨厌这份工作，要寻找自己感兴趣、愿意在这方面投入时间和精力的事情，准确地说是"爱"这个行业。知易行难，很多销售人员都在业务员层面就结束了营销生涯，这是为什么？最大的原因是他们根本不喜欢这个职业。我花了 3 年时间才真正找到了自己喜欢的行业，而后又花了 5 年时间才找到自己擅长的职业。

我问过很多人，包括从事营销工作或与营销工作没有太大联系的人，也包括刚毕业的大学生，让我印象最深的是，大家都很模糊，很多工作了多年的人都不知道自己喜欢什么工作，更不用说擅长什么了。我问一个业务代表："你为什么做销售?"他说："我没有什么技能，学历也不高，做销售是生活所迫，没有办法。"这样的心态，谈何成功!

第二，做自己擅长的事情。发现喜欢的事情只是基础，并不代表你能做好。有的销售人员独立进行市场开发的能力很强，做了几年后，认为自己应该得到更高的职位，自己到了更高的职位就能发挥更大的作用，但令人遗憾的是，自己不但没有做好，而且使公司失去了一个优秀的业务员，得到的是一个很差的"管理者"。资源整合、战略思维、团队管理要求销售人员不能单兵作战，要团队作战。

做自己擅长的事情并不是一定要提升职位，而是在这个过程中能合理利用有限资源达到更高的产出，更快地实现目标。

怎么才算擅长?不是"想都不用想"就能完成的事情，而是能充分驾驭、控制局面，遇到问题不是束手无策，通过努力能完美地实现公司目标并获得客户的认可，体现了价值，这就是擅长。

第三，聚焦专业。大学时代，教营销学的老师在临近毕业的时候对我们说："留心2~3个自己感兴趣的行业，不断积累知识和行业发展相关信息、数据，将来会有大用处的。"那时没有深刻体会，但也照做了。没想到，自己毕业进入的第一家企业就问了行业问题，以及对行业发展的大致观点和策略。还好，因为留心、有积累，轻松过关了。从那时起，就加深了自己平时要多积累的想法。平时积累的方法多种多样，总的来说，要做到"三心"，留心、用心和恒心。只有这样，才能形成习惯。

第四，不断成功。我认为，人需要理想，甚至是梦想。哪怕实现小小的梦想，比单纯的物质激励更能激励人、打动人、留住人。

下面就谈谈我对行业、企业成就销售人员的看法。

观点一：传统行业和互联网等新兴行业与职业成就、好坏无关。

互联网兴起前，一家企业做到 1 亿元的销售额需要 10 年的时间，做到 10 亿元的销售额，需要 15～20 年的时间。而电商时代，做到 1 亿元的销售额可能不到 3 年，做到 10 亿元的销售额可能不到 5 年，淘宝交易额做到 1 万亿元的销售额才用了 10 年。但我还是认为，这与销售人员选择传统行业和互联网行业没有太大关系，传统行业一样可以造就顶级的销售人才。

互联网是一种趋势，目前，传统行业依然占据了 90% 以上的市场份额。所以，我们大可不必都选择互联网行业，只是我们的销售渠道多了一种方式，并要引起企业和销售人员的重视。

观点二：如果很喜欢这个行业，一定要坚持。

我选择做快消品，就一直在这个行业做，做了 10 多年。大家都知道，做酒水的销售人员很辛苦，竞争非常激烈，不但要做普通的终端小店，还要做餐饮、夜市、娱乐场所，也是纯体力活。如果不坚持，到处乱窜，回头一看，还在原地打转。做什么，可以先看看、先试试，一旦选定，就要持之以恒、全身心投入。

观点三：实在不适合、不愿做销售就转型。

我的一个观点是，卓越的销售人员是选拔出来的，不是培训出来的。记住，卓越的销售人员不能通过培训完成。要训练一个合格的销售人员很容易，但你不能将其培养成卓越的销售人员。

被动转型：

第一种情况：郁闷不得志，“运气”不好。消费品的“三板斧”：第一板斧，年初铺货；第二板斧，渠道活动和旺季终端；第三板斧，消费者促销活动。“三板斧”之后，就收工了，等着第二年的“三板斧”。年复一年，市场没有任何起色，重复着前一年的内容，久而久之，经销商、厂家、终端、业务员就习以为常了，不会再去想其他方法。就算有人想，也得不到厂家、经销商和终端的配合。

销售人员最怕的是没有任何业绩，这样下去，看不到希望和前途，大多数人会选择走人，极少数人会继续耗下去。

第二种情况：不适合做销售。做了很多年，还是没感觉，对本职的销售工作没有心得和体会，更没有总结、提升，每年“等、靠、要”，不主动想办法、寻找突破口，这种人是不适合做销售工作的典型。

主动转型：有远大的志向，有更好的选择。

第一种情况：转型为相关的工作岗位，如营销岗位、培训、策划等。有的销售人员在销售岗位上做了好几年，发现自己在营销、市场上的作为比在业务层面更有发展空间、更能施展自己的才华，就会转型做市场或培训方面的工作。这并不是说他不适合做业务，而是他更喜欢和更擅长做其他工作而已。

第二种情况：创业自立。有的人早有打算，有的人在工作中发现了好机会，那些有准备和有勇气的销售人员是可以尝试创业的。

五、年终工作总结要点

一年即将过去的时候，销售人员为了完成年终销售目标在做最后的冲刺。很多销售人员，特别是一线的销售人员，一年之中在市场上奋战超过200天，这绝非危言耸听。带着一年来辛苦耕耘的成果，即将迎来新的一年。对销售人员来说，不是需不需要总结的问题，而是要怎么总结的问题。

我们经常看到两种年终工作总结：一种是“华而不实”型，阵势非常大，罗列了一大堆模型、数据，上至国际形势、国内宏观环境，下至公司数年的销售数据、费用、目标，实际上是“花架子”，对真正的销售工作几乎没有用处。看到太多的销售人员工作总结模板，实在是让人难受也很心惊。另一种总结是形式主义、走过场，只要能交差就行了，其实就是敷衍了事、不负责任。相比之下，前者虽然不实用，但至少花精力分析了；后者纯粹是应付，没有任何用处。

走极端从来都不是一种好方式，我认为，好的工作总结既总结了过去的工作成绩，又找到了完成或者完不成工作目标的问题，以及如何改进的办法和措施，最后还要提出下一年的总体工作目标和方向（具体计划根据公司的营销战略决定，总结之后就是详细的规划和计划）。销售人员要做好年度工作总结，看似容易，一页纸也可以完成，但要做好、做到位，就不是一件容易的事情了。在这里，主要针对基层销售人员和基层主管讲讲做好年度销售工作总结的几个要点和关键点，仅供大家参考。

（一）要点一：目标完成情况

这里说的目标包括销售目标，但不局限于销售目标，还包括品牌目标、利润目标、渠道目标、管理目标等。销售人员达成目标是第一位的，分为销量和销售额。如分产品的销售目标达成比例，基础产品、利润产品、形象产品、阻击产品分布是否合理；分市场、分渠道、分经销的目标达成情况，为什么达成、为什么完不成，都要做全面分析。

通过这些分析，销售人员就可以看出一年来哪些是主力产品；地区、渠道和经销商数量、总体销售情况；终端覆盖，有效终端店数量，对整体市场状况有较为全面的了解；弱势在哪里，哪些渠道、地区、产品是我们的软肋。

对销售人员来说，业绩是第一位的，但除了销量，我们的过程管理和团队管理做得怎么样？品牌的培育和推广花了多大的力气？从长远来看，这些是市场健康、持续发展的根本。

综合目标完成好，下一年度市场开拓、维护的压力自然少很多；产品、渠道和团队的稳定也是销量持续增长的最好保证。更重要的是，对一个销量增长快、市场容量大的区域市场，市场费用投入和支持力度上理所当然会大很多。因此，这是一个循环系统，把基础做好了才能良性循环。

（二）要点二：费用分配及使用情况

完成销售目标需要投入各种市场费用。销售人员要知道在哪里花了多少钱，为什么要花这些钱，花这些钱的效果如何。与销售人员相关的费用或销售人员能够直接申请、执行的费用有渠道费用（经销商和中间商）、终端费用、人员费用、促销费用、部分品牌推广和消费者公关费用等。

对大众消费品来说，基层销售人员抓住渠道费用、终端费用、人员费用和部分活动的费用，基本上就可以知道费用的流向和产生的效果。很多时候，我们就习惯于这么花钱，并不会专门分析这些费用的投入和产出比率，也就是说，投资回报率有多高。费用花了，花的也合理，但执行的情况怎么样？有没有真正落实到市场？这值得关注。再好的方案、再多的费用，如果被截留、被改变用途，都将使效果大打折扣。

我也见过年终的时候，费用没有花出去的销售人员，他说为公司节约了费用，而我发现，他的区域市场只完成了 80% 左右的销售任务，这是不能容忍的。任务都完不成，谈何降低和节约费用。如果超出预算，则要看具体情况，如果是特批的专项费用，可以不计算在常规营销费用中；如果在正常的渠道和促销中，超出预算，则要按照财务制度按照一定的比例扣除奖金或提成。

（三）要点三：一年中主要完成几项工作

一年中主要做了哪些事情？其实，销售人员一年做了千百件工作，对区域市场最重要的、真正产生效果的可能就是几件。很多事情都是为了做成这几件事情或一件事情所做的基础工作，如完成了老产品的更替、新产品成功替换老产品并成功上市、大型的路演活动、完成了经销商的调整和区域划分、帮助经销商开发下游渠道、做样板市场、团队架构调整、培训、考核激励方案的优化……

管理成熟市场、开拓新市场和拓展发展型市场遇到的问题，其实就是在解决主要问题，详见《一位销售经理的工作心得》一书。

（四）要点四：市场存在的主要问题

第一，企业自身的问题。企业自身问题分为销售人员能够解决的问题、向上级反映的问题、解决不了的问题。能解决的问题，如区域规划问题、市场管理问题、过程管理问题、经销商管理等；向上级反映的问题，如产品问题、质量问题、组织架构、团队成员问题；解决不了的问题，如品牌问题利润分配、传播问题等。

我认为，销售人员一定是市场的第一负责人，在产品和价格一定的情况下，不但要让货物到达渠道，而且要将产品销售到消费者手中。

第二，主要竞争品牌（产品）分析。竞品的存在，虽然短期内会带来竞争压力，市场份额会被竞品抢走，但从长期来看，对市场有好处，可以让企业不断追求进步、提升服务水平。对快消品来说，成熟的行业及市场上会有 1～3 个主要竞争品牌，其中，会有 1 个市场主导品牌，主导品牌地位稳固。企业要想做大，从长远来看，一定要分食其份额，同时做大市场。加多宝、王老吉虽然表面上打得死去活来，但都是“战争”的受益者。

我们主要分析产品的结构、渠道结构、模式、消费群、价盘设计、利益分配、组织结构、团队构成、宣传促销活动，其中，最重要的是先找到你的第一对手。谁是你的对手，这太重要了，最简单的判断标准是，至少大家的产品价格在同一水平线上。接下来是产品线、价盘、渠道及利润分配，做一个详细的 SWOT 分析，找出问题。

第三，消费者分析。你的目标消费者是谁，他们的年龄分布、购买心理、购买方式，他们何时、何地购买，这就决定了我们要采用什么渠道、什么推广方式和传播方式。区域市场的传播和宣传也是品牌的一大目标，消费者的购买行为、购买心理和购买地点决定了我们的渠道模式和终端布局。加多宝之所以取得胜利，是因为加多宝深知饮料行业的本质，不是不要广告传播和忠诚度塑造，而是渠道和终端决定成败。

（五）要点五：实施策略评估

该市场的主要策略是什么？

产品策略：产品的档次感不够，需要在品牌上提升；产品组合单一，难以支撑多渠道的运作等，都需要做全面的评估。老产品运作多年，价格穿底，渠道推动力度很弱——不是卖不动，而是不愿卖，需要替换新产品。

价格策略：价格并不是越低越好，不论大企业还是小企业都一样。简单地说，要给渠道留出足够的利润空间，否则，不借助渠道的力量，小品牌怎么能和大品牌竞争？

渠道策略：渠道模式是什么？采用大客户制还是小区域独家分销，还是帮助经销商先直供终端，然后再打通分销网络……这些需要根据市场状况和企业实际情况进行分析和判断。分析目前的渠道模式是否合适，是不是最优的选择，以及如何优化。

宣传策略：包括推广和促销两个方面。传播的目标消费者精准吗？促销活动设计有吸引力吗？能够实现宣传和促销的目标吗？

（六）要点六：下一年度目标和主要策略

下一年度的销售目标根据公司当年完成目标数量或者销售额，结合市场竞争情况做出预估，经过高层讨论，最后形成一个总体的目标，如销售额、销量目标、品牌目标等。然后，按照区域市场进行分配。一般来说，这个目标没有商量的余地，但目标分配下来后，可以争取政策支持，如人员、物料等，需要多次沟通。

主要策略是在公司总体策略和政策的指引下，制定有针对性的市场操作策略，力争与公司的总体营销战略吻合，最好具有个性。每一个市场都有特点，决定一个区域市场的关键点就几个，按照营销组合进行分析，再看区域市场的架构和团队构成，最后看竞品的现状和消费者情况，只要细心分析，一定可以找到市场的突破策略。

最好的办法一定不是一成不变的，而是“一地一策”的不变与变的结合。

六、年度工作规划要点

需要说明的是，销售人员的工作规划主要体现在对市场的管理、过程管理等方面。也就是说，对整个市场的管控和把握，要从较宏观的角度切入，这里主要体现关键节点和要点。

（一）年度工作目标及分解

年度工作目标一般由公司销售部门根据公司总体销售目标下达，依据去年的销售任务完成情况、自然增长、人员、费用、渠道等情况，制定一个复合增长率，主要体现为销售目标（销售额目标和销量目标），品牌目标、渠道网络覆盖等非销售目标。销售目标要分解，分解到区域市场内的每个渠道、每个经销商、每个产品，每月、每季度、半年、年度完成情况，这样的目标才有意义。

对渠道、终端的覆盖，也是目标分解、细化的过程，分解之后，销售人员就知道销量的来源，做到心中有数。每个月底惊慌失措的不是好销售人员，每个月底在办公室气急败坏地催回款的销售管理人员也不是好的销售管理人员。

（二）做好市场布局

第一，区域市场的定位。区域市场定位用STP战略营销分析，细分区域市场，确定目标市场，进行定位。其实，对销售人员或基层的销售管理人员来说，最重要的是进行区域市场分类，明确区域市场的类型，制订不同的渠道模式和开发计划。不同类型的市场，渠道模式是不同的，有直供的、有通过分销商实现覆盖终端的、也有协助重点客户分销到终端的。

第二，市场分类。大致分成四类：第一类是基础市场，具有很好的市场基础和消费群基础。从品牌、渠道、终端综合实力明显优于竞品，一般来说，市场占有率在35%以上。第二类是战略市场，具有较好的市场基础和消费群基础，市场容量大，有较大的发展空间，对本品发展具有战略意义的市场。第三类是发展市场，具有较好的市场基础和消费群基础。市场容量大，有较大的发展空间，本品在某一方面或几方面具有优势。第四类是渗透市场，市场基础和消费群基础较差。与竞品相比，综合实力明显处于劣势，借助分销网络或自然销售进行渗透。

第三，确定渠道模式。根据企业和行业的属性、市场的具体情况，可以分为直销、直供和借助经销商进行分销等情况。一般中小型快消品企业采用区域经销方式，即地级市1～2家经销商，划分区域，县级市1家经销商，乡镇设立特约分销商；地级市协助分销商建立分销网络，部分核心终端由经销商直供。

（三）年度总体市场策略

目标定好和分解好之后，我们需要有策略完成这些目标。所谓的目标管理并不是只有一个目标，而是围绕目标形成的一整套市场管理的策略方法，也就是说，需要完成目标需要的资源、组织架构、团队和考核激励措施。

每个公司在大的策略上应该是一致的，针对不同区域和市场情况做一些调整。如新产品较多的一年，公司市场部门、销售部门可以将主题活动和路演等做统一的规划和部署，区域市场根据时间和所需要的资源做计划，审批通过后申请执行。

一般来说，一年内区域市场都要做的几件事情可以固定下来。如年底的经销商会议；年初的二级批发商订货会，协助二级批发商建设分销网络；协助经销商对终端的直供和开发；旺季到来之前举办消费者活动等需要做一个年度规划；中间可以穿插进行一些推广活动。

年度的总体策略，可以针对不同区域、不同类型的市场制定。成熟市场以品牌推广，渠道控制、优化，新产品导入，加强团队激励为主；发展型市场以渠道激励，优化产品组合，培育重点市场和品项为主；新市场以市场开拓、团队培训、渠道建设、终端覆盖和活动推广为主，迅速打开知名度，借助渠道力量进行分销和推动销售。

（四）年度费用预算

费用预算也是根据目标和目标分解进行的，一般公司会按照销量的一定比例做出费用预算。费用就那么多，怎么分配呢？一般来说，市场费用包括渠道费用（经销商进货奖励、返点、二级批发商活动、返利、换货、破损等）、终端维护费用（铺货、礼品）、消费者活动费用、促销费用、品牌宣传、推广费用，还包括人员工资、提成奖金等。

费用是业务员的枪弹，没有费用，光凭一张嘴怎么能打退“敌人”的进攻呢？费用源于销量，但切不可为了销量而联合客户做出对公司不利的事情，千万不要为了蝇头小利教唆或者听信客户的教唆截留、虚报费用。这样做，只会被客户制约而失去对其监控的权利。

（五）市场组织架构及团队管理

市场组织是保证效率的基础，再好的策略也需要组织的保证，才能由团队高效地执行。也就是说，市场组织是否高效、幅度是否合理，都需要销售人员和管理人员重视。如果要把卖场做好，就需要设置KA卖场主管和业务员，针对卖场的特点进行培训，如怎么陈列产品、怎么和卖场的买手谈判争取更好的条件和位置、怎么做卖场促销、今年的各产品组合的卖场促销策略是什么等。如果是普通小店和以通路为主的架构人员要求又不一样了，需要通路的业务员协助分销商建立网络或终端；小店的业务员，需要规划好线路，按照线路寻访，需要有耐心和韧劲。

至于团队管理，需要做好三件事情。第一，督促或帮助下属做好计划；第二，明确具体的工作内容；第三，做好区域市场考核的标准。

（六）营销组合管理

我们要向消费者提供什么？营销组合只是让我们考虑市场的要素，

这是一个框架，销售人员分析市场时，可以做到不遗漏。这是一个思考市场的框架，对销售人员的用处也是不言而喻的。

最开始，我们可以用 SWOT 进行粗略分析，然后再进行 4P 分析。

产品方面，我们要分析产品有没有老化、有没有竞争力，产品组合是否得当，形象产品、利润产品、走量产品及阻击产品是否合理、是否能够稳固市场。

渠道方面，我们首先要确定好渠道政策，有政策才能管理好经销商，如区域的渠道模式是否需要调整、二级及以下的分销网络是否需要提升和完善、终端网络是否需要开发、是否要进入新的渠道等。

价格方面，需要具有相对优势，中小企业或新产品需要有较高的利润空间，没有“高空”的支撑，只有靠渠道和分销的力量快速到达终端。如果销量一般，特别是需要推动销售的产品，利润空间偏低、渠道利润不足是非常危险的。如果不幸遇到这种情况，就要用新产品、新包装或者产品升级进行置换。

宣传、促销方面。常规的活动一定要有，如卖场，战术产品可以做特价、利润产品可以搭配礼品销售、新产品配促销导购、走量产品做绑赠等，要不断开展活动。在品牌宣传上，也要结合公司的推广创新方式，从品牌的层面上降低产品价格的依赖度；如果是以商超为主的产品，最好能与卖场或在卖场外面、附近做一些主题促销活动，规模可以不大，但要有策划、有想法，以引起目标消费者的注意。

（七）执行和评估

执行永远是一个热门话题，说到执行，就必须与目标结合，大家每天都很辛苦，也很勤奋，但就是完不成任务，你说执行力强吗？

执行与三个要素有关。

第一，达成共识的目标。就是经过测算、努力，有策略就能达成的清晰的目标。

第二，完善的管理制度和流程。很多时候，对销售人员的管理基本是销量考核，除此之外，过程管理、流程规范很少。好的制度不一定让人变好，但坏的制度一定会让好人变坏。所以，要用制度管人，而不是用个人的好恶管人。

第三，团队整体素质。光有想法也没用，还得要落到实处，团队的整体能力要达到要求。

评估也是为了改进、保证下一次做得更好，任何方案执行之后必须有评估报告。评估报告的要点是，总体概括一下方案的执行情况及影响力；检查目标的达成情况，分析达不到的原因；总结活动的经验、教训，投入和产出；消费者接触数量，影响人数，如果是促销活动，则要统计销量、销售额、消费者购买数量，人群、陈列、展示的位置，人员投入、现场气氛等。

凡事预则立，不预则废。销售人员如果能做到全面、细致的规划、计划，离成功也就不远了。

七、团队的狼性精神与隐忍

多年前，看到俞雷先生的一篇文章里有这样的一句话："货架不是买来的，而是'抢'来的。"当时，我的心为之一震。后来体会到，那些小终端、小超市的货架真不是花钱买的，果真是“抢”来的。

狼有什么精神？勇敢、自信、永不言败、团队作战、嗅觉敏锐、积极主动、组织严密、勇于奉献。作为销售人员，我认为这些精神非常重要，耍嘴皮子是没有任何意义的。

在市场，你撕了我的终端海报、你抢了我的小店的陈列位置，销售人员不要想着我们还是朋友，以为说说好话、讲讲道理就可以拿回来。你要明确地告诉他这里是你的地盘。

这是我刚从学校毕业从市场上学到的第一招。我进入一家啤酒企业从事销售工作，20 世纪 90 年代末啤酒市场全面进入买方市场，竞争日趋白热化。尤其是现饮终端的竞争，已经到了剑拔弩张的地步。

华南沿海的一个城市，当时，旺季啤酒企业基本会开展开盖有奖活动，我和几个同事刚把一条街的夜场、小终端的海报、条幅布置好，没想到一转身，马上就被竞争对手全部扒掉，也没有和我们沟通过。我们非常生气，不管怎么样，先把他们的扒掉再说。因为是直接竞争对手，我们的开盖有奖活动对他们的销量造成很大冲击。所以，从这个层面来说，矛盾一开始就不可调和，如果我马上找他们沟通，就显得我们没有底气，在谈判、沟通中也会处于下风。

说实话，这不是最好的方法，也会浪费资源，对双方都是一种伤害，但在当时的情况下只能这么办。我还记得总经理巡视市场的时候，当着经销商的面问我：“遇到竞争对手对我们终端陈列和海报进行挤占和损毁时怎么办？”我只说了一句话：“抢回来，再贴！”总经理没有说话，默认了。

市场有时候就是这么残酷，因为终端资源有限，是不可再生的。

事情还没有结束，但我们不能再这样纠缠下去了。经过商量，我们找到了一个有效的方法。当天晚上，我们在当地找了10个摩的司机（开摩托车拉客的人）把他们所有的海报、条幅全部扒掉，换成了我们的海报、条幅。早上起来，他们发现自己辛辛苦苦“所做的成绩”全都没有了，竞争对手慌了，马上叫业务员人补上，但我们雇的10个摩的司机就跟在他们后面“收拾”他们。一天下来，他们没有任何成果，因为那些摩的司机都是当地人（我们叮嘱他们不要说自己是摩的司机，就说是我们请的业务员），竞争对手也是“强龙不压地头蛇”啊。

最后，竞争对手迫于无奈，接受了“和解”。夜市一条街的横幅，我们必须挂在门头，每家保证两张海报，不得覆盖或撕毁（主要目的达到了）。我们在小店的冰柜张贴一张海报，不得覆盖或撕毁，其他的地方你们爱怎么贴就怎么贴。这样，他们也有了生存空间，我们也取得了好的效果。

两年后，我们都负责更大的市场了，偶尔遇到对方，谈及此事，显然没有了那种“你死我活”的气氛。他问我：“你们怎么一晚上就把我们所有的宣传扒掉了，真快啊，你们的人像狼，惹不起啊。”我笑而不语，过去的事情不说也罢。

狼性精神只是我们面对竞争所要具备的一方面能力，另一方面也需要人性，更需要隐忍。

广药王老吉和加多宝纷争不断，从广告、品牌、渠道、终端、消费者到业务员；从口水战到“全武行”，让人感觉商场如战场。我一直认为，商战并不像书上说的如战场，道理很简单，战争的目的是消灭对手，而商场可以共存、做大市场。其实，王老吉和加多宝是可以共同做大“蛋糕”的，只是大家都要站到前台，享受战斗的快感。

业务员为了业绩大打出手的事情早已有之。在这里，我不想评论谁对谁错，因为立场不同，不好判断，而且冰冻三尺非一日之寒。

比如，广西市场的漓泉啤酒和青岛啤酒，前者在广西市场的占有率在70%以上，后者虽然实力雄厚、品牌影响力大，但在消费者习惯、渠道和终端上均处于劣势。一段时间内，消费量有限，你增长，我必然下滑，严重威胁到对方的销售态势或生存状态。但随着行业的集中度提高，市场越来越规范，这样的事情越来越少了，现在很少听到品啤酒为了促销“打打杀杀”的了。

王老吉和加多宝的暴力冲突本质上与当年的啤酒之争相似，都是由于严重威胁了对方的利益和生存空间。不同之处在于，这种矛盾是天生的，也是无法调和的，至少现在解决不了。加多宝运作王老吉品牌10多年，突然被收回去，自己的广告语、包装设计还被人利用，加上在渠道和终端上又高度重合，不出问题也不可能。

到底是谁的错？没有人能说清楚。确实，加多宝很冤，就好像领养的孩子长大了被亲生父母领走了，但从法律角度来看，广药授权到期，收回品牌使用权也没错。

其实，企业导向也有问题。

业绩为王。业绩要增长，最直接、有效的方法是抢占渠道和终端，而这样就会短兵相接，发生激烈的冲突。

竞争手段的默许。虽然表面上没有鼓励这种行为，实际上是放任的、是默许的，也可能是纵容的。所以，才会愈演愈烈，一发不可收拾。最重要的还是业务员对这种行为的认识问题：做业务就要有狼性、有“血性”，不屈不挠、敢于向一切困难做斗争……

我也赞成业务员要有百折不挠的精神，积极主动、永不放弃，甚至还要有强烈的企图心和不达目标绝不罢休的勇气。比如，在市场上，我们要主动和终端沟通，做好客情和产品展示、陈列，而不是要求终端做这做那，他们哪能应付厂家的那么多要求，所以，**陈列位置不是买来了的，是“抢”来的。**

我们不要狭隘的理解这种精神和勇气。狼性绝对不是凶残的撕咬，也不是好勇斗狠，狼性是闪耀着人性智慧和光芒的、有策略的竞争。

我之所以不赞成大打出手，是因为做业务是我们的一份工作，我们要敬业，但不能为此付出血和生命的代价。为了工作上的事情打架是愚蠢的行为，如果公司默许这样的事情发生，或者“一而再，再而三”的发生，这样的公司不待也罢。

这里有一个前提：凡事适可而止。如果有人每天故意针对你，对你有恶意，那就另当别论了。这种情况的解决办法：第一，上级协调；第二，报警；第三，大家都不做。做生意，和气生财，树敌太多对大家都没有好处。

做业务，仅仅是一份工作，敬业是必需的，但不要为此付出血和生命的代价。有时候，也不能责怪业务员，有业绩和生活的压力，很不容易，我也是过来人，做了多年的业务员，风餐露宿不敢说，但至少也是披星戴月。

作为业务员，我们在做市场的过程中，除了激情、目标、销量外，还要有同行的相惜之情，大家出来做事，没必要为了几张海报和一个条幅让矛盾激化。

本人也有过为了促销宣传和其他厂家的销售人员发生冲突的事情，自认为解决得还算“有策略”，多年后，我们都离开了各自的企业，我们不但没有成为敌人，还成了过得去的朋友。

第三章

引爆快消品市场的传播推广

一、如何实现品类占位

近年来，企业界掀起了一场传播的“暗战”。特别是快消品企业，大家都在争夺“第一”，以打造“品类第一”最突出。到底是品类制胜还是产品制胜？这是一个有意思的话题。

品类制胜说的依据是特劳特和里斯的定位及品类理论。定位理论认为，只有占据消费者心智资源（引导、唤醒、传播）才能塑造强势品牌。品类理论进一步演绎了定位理论：打造强势品牌的唯一途径就是创造品牌的代表——品类。但中国的实际情况是什么？所谓的品类代表们是这么成功的吗？如果是这样，中国就只有王老吉不会有和其正、只会有康师傅不会有统一、只会有露露不会有六个核桃……你难道不觉得这个现象很有意思吗？

理论太多，各成一派，混乱局面就会出现。

首先，反映出来的是思维混乱。什么是最好的？能唬住客户、唬住领导，或者唬住自己。

其次，应用混乱。自己都搞不清到底在做什么，仅仅为了做品牌而做品牌、做创意而创意。

最后，执行的重要性不言而喻。以为一个大创意、一个大传播就可以树立一个大品牌的思维，这样的时代永远不存在了。

（一）回归原点看问题

回归原点是因为迷茫了，不知道该走向哪里？回归原点是为了更好地看清自己的位置、看清方向。大家经常说："不在乎现在的位置，重要的是选择的方向。"我认为，位置也很重要，只是从长远来看，方向更重要罢了。回归产品的原点并不只是在产品上做文章，还要围绕产品进行创意、定位、卖点，从包装设计、口味、价盘等静销力上进行最重要的整合，这是决定新产品生死的关键环节。

动销力取决于第一项，也是互相配合的推动和拉动，主要是促销、推广，如渠道、终端、目标消费者的推动和拉动。详细的就不说了，这涉及新产品的开发和上市的细节。其实，策划好定，执行上的关键节点的把握和决策才是难点。经常看到失败的案例，一是静销力太差，二是过程中决策失误，贻误了战机。

（二）品类的基础还是产品

无论如何，我们还得回归到消费者的需求，为消费者创造价值——谈品类还是品牌、还是产品。没有好产品，品类仅仅是一个概念。概念的破灭是显而易见的。保健品在中国的"下场"正是这种过度概念传播造成的恶果。如果说现在王老吉与和其正已经形成了正面竞争，倒不是因为"正宗凉茶"和"中国凉茶"竞争，而是瓶装和罐装的竞争，其实这正是产品做了"加法"，而营销上做了"减法"。按照营销大师科特勒的说法是进行了"水平营销"，而不是和其正用"中国凉茶"的概念打败了王老吉。王老吉面对和其正的攻势其实很无奈。因为王老吉推出瓶装凉茶等于和自己竞争，不推出就眼睁睁地看着和其正在瓶装市场上继续攻城略地……最后，王老吉做了两件事情：在传播上树立自己的正宗地位，在新产品上推出了瓶装产品。

最近，一个客户来咨询怎么进入酒水行业。他表示，资金不是大问题，问题是要做饮料还是做酒水、要怎么做。其实，任何一个新品牌、新产品要成功，就一定要做好口味、包装和价格体系的设计，动销策略不是最难的，最难的是前面说的静销力。看看蒙牛益优特的案例就很清楚了，资金再多，没有好产品和价盘，一切都是徒劳的。

最好的创新例子当然是苹果了，可谁能学得到呢？做产品就是做品牌，苹果就是最好的例子，没有良好的产品体验，何来苹果的形象之说，又何来产品和品牌割裂之论呢？

（三）不要割裂品牌和产品

品牌是与消费者沟通的载体，但如果消费者总是被产品伤害、没有良好的使用体验，品牌形象从何而来呢？举一个不太恰当的例子：如果一个厨师做了一盘菜，味道很差，但是盛放在一个精美的盘子里（包装得很好），你吃了之后会觉得好吃吗？下次还会去吃吗？回到消费者导向上来才是正道，打败对手也不一定能赢得消费者，苹果的 iPhone 不需要打败诺基亚，诺基亚是自己打败了自己——忽视创新、平台（产品、软件、系统、应用）落后造成的。没有好产品，怎么能成就伟大的品牌呢？

【王老吉、和其正】和其正的胜利不是概念的胜利，而是产品的胜利——包装，从罐装到瓶装，大瓶装、实惠、尽兴，加上围绕二三线渠道终端的策略取得了胜利。饮料在哪里卖得最多？不是卖场，80%的销量来自餐饮、小店。

【宝洁】宝洁能在全球取得成功，非常重要的一点就是产品创新。没有消费者喜欢几年、几十年都使用一样的、毫无变化的产品。在产品宣传上，总是围绕产品核心做宣传，而不仅仅是品牌宣传，如洗发水的三大品牌每年都会有产品创新。在洗衣粉系列产品中，汰渍、碧浪等产品也在不断创新，如机洗洗衣粉、衣领净等产品。这充分说明，不断创新产品对消费者有巨大的引导能力。

【“两乐”】就算被誉为没有“生命周期”的可口可乐，也在不断地进行产品创新，只不过是通过更换包装、调整宣传角度进行创新而已。“极度”无糖百事可乐、可口可乐的零度，都以产品创新为主要出发点。

【康师傅、统一】很多时候，不是企业的产品不好，而是在寻求持续发展的过程中，企业的产品体验和营销管理出了问题。平时听到最多的例子可能是统一方便面和康师傅方便面，康师傅在台湾地区的地位远不如统一，但在大陆地区情况却相反。统一率先开发了老坛酸菜方便面，却被康师傅“窃取”了胜利的果实。问题出在哪里？难道是统一的产品在大陆市场的质量不如康师傅？显然不是。很多人都吃方便面，但为什么康师傅和统一的市场份额差那么多？排除康师傅先进入大陆市场、品牌形象和影响力强等因素，单从产品和营销的角度来说，我认为，统一应该在两个方面出了问题。

一方面，产品体验。大家吃康师傅方便面的时候，觉得味道比统一方便面好，不是方便面的质量有问题，而是调味包有问题。康师傅后来居上，推出陈坛酸菜方便面。消费者发现，康师傅陈坛酸菜方便面比统一老坛酸菜方便面味道好（个人体验，也结合周围身边人的调查）。

另一方面，在营销管理上，好产品更要好管理，否则，注定被人模仿，甚至被超越。

【露露、六个核桃】如果按照品类理论，六个核桃应该不会有机会才对。实际上，露露这几年的发展也不尽如人意，传播当然是一个方面，最重要的是忽略了产品创新和渠道建设，最终导致消费者对露露品牌的满意度和忠诚度下降。六个核桃做得不错，倒不是因为品类推广做得不错，而是产品做得不错，也就是被人经常诟病其落后的 USP 策略做得很好。看看，正是这个 USP 策略——“六个”核桃，强化了消费者的记忆点，有点像被批得很厉害的哈药的“蓝瓶”葡萄糖酸钙。

“蓝瓶”为什么会被批？因为按照定位和品类理论，太没有技术含量了，没有门槛，人人可做，但“蓝瓶”的葡萄糖酸锌却成为一枝独秀。我认为，这也是 USP 策略的胜利，创造了一个强有力的记忆点。

（四）回归不是退化

回归产品制胜，不是否定创意，而是让创意源源不断。创意再伟大，也不能离开消费者、销售目标。

回归产品制胜，更不是否定品牌，而是让品牌基业长青。产品是基础，谁都知道，但割裂产品和品牌的行为还少吗？最让人担忧的是，人们总认为品牌高人一等，谈产品何等落后。其实，没有产品，谈何品牌。有人马上会反驳：如果可口可乐的所有工厂一夜之间被烧光了，第二天会发生什么？答案是，全世界的银行都会争先恐后地给可口可乐贷款，厂房问题一夜之间得到解决！答案背后的意义是品牌的力量。但是，别忘了，如果没有可口可乐多年形成的产品配方、文化，品牌力从何而来呢？

回归产品制胜，不是否定营销，而是让营销具有落脚点。不要再想用一个创意、一个大的传播造就旺销，造就一个产品、一个品牌了，营销的下沉和渠道、终端的控制才能促使消费者购买，完成临门一脚。渠道精耕使康师傅畅销中国 20 年，这也许是最好的例子。

回归产品制胜，不仅是产品论，还是从本质出发，让产品驱动品牌发展。品牌离开产品等于鱼离开了水，最终会死亡。当然，这不表示要用品牌的思维做销售，也不表示用销售的思路做品牌。思考问题的方式可以不一样，但二者不能孤立存在。

无论如何，消费者需求终归是营销的出发点，即发现、创造、满足、控制需求；产品是基础也是前提，任何忽略产品本身的品牌行为都是舍本逐末的短视行为。

二、节日传播，怎么打动目标消费者

世界级企业一样会犯错，而且也会犯一些看似低级的错误。热播的百事可乐新年主题系列广告便是如此。最近总有这种感觉：百事可乐的广告越做越“回去”了。龙年春节，百事可乐及时推出了一个新年主题广告——把“乐”带回家，这个广告是以短剧的形式展现的。地铁、公交、电视，到处可见该系列广告，特别是在地铁和公交上，一播就是好几分钟。

说明星，百事可乐的所有广告都是星光闪耀的；说主题，如世界杯、运动会等，都与百事可乐的品牌和形象吻合。本来，过年的时候推出一些喜庆、有团圆气氛的广告也无可厚非，但这次的创意过于煽情，拖沓的剧情和以“亲情”为主线的诉求有待商榷。

从专业的角度来说，最重要的还不是煽情、剧情拖沓等问题，广告的主题——把“乐”带回家，与亲情不能紧密结合。换句话说，“乐”并不能完全诠释亲情的内涵，更多时候，“乐”是一种轻松的气氛，而不是催泪的气氛。另外，百事可乐一贯的风格是什么？百事可乐在消费者心中的形象是什么？是年轻、是新一代的选择、是激情、是梦想……不是沉重。所以，无论是主题广告还是常规的传播广告，一定要与自身的定位吻合，与自身的属性相关联，不要偏离主题。

几年前，国家为了保护中国的传统节日，将中秋节、清明节、端午节都设定为小长假，但我认为，春节是不需要保护的，因为劳动人民自己会保护这个节日。春节仅仅是放几天假吗？仅仅是为了回家休息一下吗？仅仅是团聚那么简单吗？我想应该不是，春节是老白姓精神的寄托，是劳动者对自己一年来的“最高”肯定。

（一）“亲情”难以演绎渴望的“极限”

微博上疯传过一个回家过年的故事：一个在深圳上班的昆明小伙子，订不到过年回家的2300元的飞机票和火车票，毅然选择了“曲线救国”，订了当月19日深圳飞曼谷的特价票和20日晚上曼谷到昆明的8折飞机票，加起来共2200元，为神州大地谱写了一个悲壮的跨国回家的故事……

春节是一种精神寄托，从根本上说，回家看父母也仅是寄托中的一种。但热闹的、煽情的画面很难打动目标消费者，因为中国人不是那个样子的。

为什么不突出某些群体回家的渴望呢？买票那么难，回家是渴望，谁也阻挡不了我回家的脚步，因为有你——百事可乐；忙碌了一年，该回家了，莘莘学子、农民工、职员等该回家了，回家的渴望——有你百事可乐。

（二）“乐”难以支撑亲情的“厚度”

“乐”的范围太广了，所以将其作为一个大的主题，仅用亲情演绎它，基本不会打动目标消费者。但为了做到这点，就要用一招——煽情，夸张的表现父子之情、父女之情，在现实生活中是不太可能发生的。有人说：“广告就要夸张，不夸张还算广告吗？”我认为，这话不全对，有些广告在创意上要夸张，以此来吸引观众，但要注意，如果一个严肃的，不适合搞笑、调侃的广告能那么做吗？

如果要融入“乐”的主题，如天伦之乐等，范围又太窄了，不适合春节的气氛，尤其是百事可乐以年轻人为主的特点。那么，“乐”真的不适合春节以家庭和亲情为主线的演绎和推广吗？

为什么不试试别的，比如，爱——爱父亲、爱子女，爱……

（三）何不试试把“爱”带回家

将“爱”作为演绎的基础，将家庭作为演绎的载体，把亲情融合到百事可乐的“渴望”的大主题和大背景下。我们需要更多的温情，拒绝冷漠，无论对陌生人还是亲人。

爱的反义词不是恨，而是冷漠。

社会的价值观和导向出了问题很可怕，人人急功近利、不顾一切、极度冷漠。因此，整个社会都需要“爱”，都在呼唤“爱”，都需要重新唤起心中的“爱”。春节，渴望回家，把“爱”带回家——百事可乐。

三、事件营销有门道

已经过了品牌建立初期的企业，品牌、产品有了相当的知名度，但是，电视等媒体上投放广告的效果越来越差，渠道和消费者促销的投入却深不见底，企业又需要不断提升品牌形象、持续刺激消费者的购买欲望。怎么办？企业需要创新营销方式、保持和提升品牌形象，有好方法吗？下面，我们从国内两个不同行业的品牌营销操作，看看事件营销对企业品牌营销的提升和带给企业的营销启示。

啤酒和水制品尽管都属于快消品，却分属不同行业，将其放在一起，似有风马牛不相及之嫌，但雪花啤酒、青岛啤酒和农夫山泉的成功，在规律上又有相通之处。我们来看看它们如何在不同行业演绎事件营销的“PK 大战”。在同一平台上，就可以看到它们在这场事件营销大战中的优势、不足，以及对各自品牌营销的影响。

华润雪花啤酒借助强大的资本力量和营销攻势，2006 年起，攀上了中国啤酒行业的巅峰——销量超越青岛啤酒、燕京啤酒，跃居销量第一的宝座；2008 年，雪花啤酒销量达 610 万吨，成为全球销量最大的啤酒品牌。

而在水市场，农夫山泉是中国水市场的“另类”，它凭借营销创新在与纯净水市场诸多品牌的争夺中处于领先地位。我认为，在两家企业的品牌营销的发展轨迹中，事件营销对品牌营销的提升起着至关重要的作用，在其遇到危机的时候也一样。

青岛啤酒——中国唯一称得上真正的全国性品牌的啤酒，无论其销售规模、利润率及在国际市场上的影响力，在中国的啤酒行业都值得大书一笔。青岛啤酒连续开展的啤酒事件营销，如“我要青岛啤酒，华南行”、啤酒节、奥运营销的“我是冠军”等活动，对青岛啤酒的品牌提升和销量拉动有着巨大的作用。2008 年，青岛啤酒全年啤酒销量为 538 万吨。

雪花啤酒：原创事件助力营销

在“畅享成长”的品牌定位下，华润雪花啤酒从 2004 年开始策划了“雪花啤酒勇闯天涯”系列活动。2005 年探秘雅鲁藏布大峡谷、2006 年探秘长江源之旅、2007 年远征国境线、2008 年极地探险、2009 年挑战乔戈里峰，这与雪花品牌的主张——积极、进取、挑战、创新的精神非常契合，从活动本身，以及雪花啤酒品牌的核心价值、品牌定位和目标消费群体来看，吻合度很高。

以 2009 年挑战乔戈里峰的活动为例，雪花啤酒开始借助网络的力量，联合新浪、搜狐、网易、腾讯等门户网站，开展探险活动人员的海选活动。通过海选进行消费者互动和造势，到 2009 年 7 月的截止期，网上报名参与海选人数为 13 万余人。

从传播的角度来说，这次事件营销的策划无疑是成功的，让人们知道了雪花品牌和雪花所代表的品牌价值，尤其是知道了雪花啤酒的中高端产品——勇闯天涯。

此外，该活动嵌入了产品推广，如参与该活动的子活动，必须要收集6个勇闯天涯啤酒的瓶盖，对雪花啤酒的销量提升有直接影响。

青岛啤酒：强化消费者公关

在这里，一定要提一下青岛啤酒的事件营销。主要有两项：其一，针对华南市场的华南行路演；其二，2008年，奥运年的“青岛啤酒，我是冠军”的活动。

华南地区是青岛啤酒重要的战略市场和利润市场。华南行路演，主要是三个层面。

一是互动：促销人员向过往行人派发活动宣传单和小礼品，告知活动内容。

二是参与：介绍“只要你喝、只要你讲、只要你开——我就有奖”活动的玩法，围绕“我要青岛啤酒”的标志性口号进行现场“煽动”。

三是节目：魔术、歌舞表演。欢乐大使现场表演一些互动性较强的魔术节目，同时，由演职人员穿插表演流行的歌舞节目，烘托现场气氛。

这个活动在华南市场反响强烈、参与度很高，对该品牌的消费者公关起到了强化和刺激作用。从活动的影响力和参与度来看，显然比雪花啤酒好。

如果说华南行路演是宣传青岛啤酒带给人们的激情、欢乐，“我是冠军”无疑更胜一筹。“我是冠军”是由中国奥委会新闻委员会、中央人民广播电台（中国之声）、湖南卫视、青岛啤酒股份有限公司携手打造的一档零门槛体育竞技类真人秀节目。该节目不但体现了参与、互动、娱乐等元素，更重要的是，它不再是台上表演台下看的普通路演。

（1）自己成为主角，更有挑战性，实现每个人心中的平民“奥运梦”。

（2）节目的明星效应、人文主义和影响力。

（3）众多媒体、选手和支持者的参与。

（4）体育和娱乐结合，激情与欢乐共存。

“青岛啤酒，我是冠军”的活动，是以家庭为单位的竞技节目，通过湖南卫视的强力打造，关注度、参与度都很高，不但有合作、家庭关系融洽，竞技项目也充满了趣味性。在收视率和消费者关注上，不比雪花啤酒的勇闯天涯活动逊色。

通过强有力的事件营销，青岛啤酒的品牌质量和盈利能力得到了大幅度的提升，据资料显示，雪花啤酒的盈利能力不足青岛啤酒的1/4。

农夫山泉：制造事件，塑造全新形象

农夫山泉在水制品行业一直以来都是创新的代表。

自2000年掀起的天然水与纯净水之战，农夫山泉后来居上，连续5年销量排名第一。可以说，天然水的事件营销，从策划、造势、消费者宣传都做到了极致，对农夫山泉的品牌形象提升和差异化有重要影响。

从品牌和营销的角度来说，农夫山泉是“制造”事件，并向行业领导品牌发起挑战，打造独特的品牌形象和定位。通过天然水事件，农夫山泉在消费者心里树立了“天然水”第一品牌的形象，区别于普通的纯净水。

建立品牌区隔后，需要有后续的消费者活动跟进，农夫山泉从2001年开始，举办了“一分钱行动”的大型公益活动。该活动减少了硬广告，毕竟向传统领域占有绝对优势的对手发起挑战，会受到对手的强烈反击，舆论也不一定会保护新生事物，况且消费者接受新事物总要有一个过程。

农夫山泉的发展就是一帆风顺的吗？不见得。尽管在饮料行业，农夫山泉几乎每年都有新花样，但是，“老革命也会碰到新问题”。就算是危机公关，农夫山泉也不忘事件营销。

据媒体报道，千岛湖的水源监测得出结论，千岛湖水质被列入Ⅳ类，而Ⅳ类地表水主要适用于一般工业用水及人体非直接接触娱乐用水区。农夫山泉通过开展“寻源千岛湖”的危机公关活动，有效地化解了危机。

征集消费者到现场，让其感受一下，比开新闻发布会更有效。特别是在互联网如此发达的今天。通过网上征集志愿者，影响面广，可以互动交流，不但可以打消消费者的顾虑，还可以扩大品牌宣传、强化天然水的品牌形象和定位。

当然，这需要权威发布、消费者甄选、记者报道、舆论引导和事件营销的总体控制等。从营销的角度来看，此次活动的波及面很广，几乎覆盖了整个农夫山泉的销售渠道和销售网络，应该说危机公关是成功的。但也有小小的遗憾，那就是权威发布的信息太少，除了部分媒体和网络上大量的活动报道外，行业主管部门或政府权威部门的监测报告的信息严重不足。毕竟大多数人是不能亲临现场的，自说自话的企业行为总不如权威报告有影响力。

（一）啤酒“两强”与农夫山泉事件营销比较

华润雪花啤酒策划的原创事件营销活动高端大气，如果利用“意见领袖”进行强化和引导活动，效果会更好。比如，一些登山知名人士、企业界的登山爱好者现身说法，用榜样塑造强烈的参与氛围，消费者的参与积极性会更高。值得肯定的是，雪花啤酒的事件营销具有延续性，通过一个大的活动，每年推出一个主题，打造“畅享成长”的品牌定位和“积极、进取、挑战、创新”的品牌主张，华润雪花啤酒已经将产品与活动嫁接。

在阶段性方面，青岛啤酒的事件营销做得不错，青岛啤酒的优势就是品牌。在很多市场，青岛啤酒并没有渠道和终端优势，在激烈的市场竞争中，只有消费者可以为其“说话”，只有加强品牌宣传和品牌活化，不断地刺激消费者，才能提升销量、优化渠道和控制终端。不足之处是，没有延续性和延展性，活动一结束，以后的主题就变了。

农夫山泉打造水制品的新品类。农夫山泉的事件营销不管是对品牌的宣传抑或是销量的提升，甚至是危机公关，都值得很多品牌学习。从挑起天然水的争端开始，农夫山泉通过强有力的差异化营销，迅速树立起行业的天然水大旗，并连续5年销量全国第一。说到销量提升，“一分钱行动”的大型公益活动，不但强化了品牌形象，也对销量起了推动作用。

农夫山泉从来不缺创意，也不缺概念，天然水、农夫果园、水溶C100都有过一段辉煌的日子，可以说是开创了饮料行业的全新品类。但从2007年以后，农夫山泉似乎不那么强势了，农夫果园也暗淡了不少。

我只能这么推断，农夫山泉一向引领品牌和品类创新，一旦放弃了这项核心优势将失去最大的竞争力，而事件营销就是农夫山泉品牌和品类的最大驱动力。农夫山泉解决不了的问题不是传播和品牌，而是品类创新之后的管理问题。我认为，这才是目前农夫山泉最大的问题。

（二）事件营销带来的启示

1. 事件营销的形成：强大的故事情节

约翰·贝克在《注意力经济》一文中提到：讲故事是媒体的基本卖点，故事源于事件。从企业角度来看，为满足大众媒体的故事需求，就要“出事”。

从“选事情”的角度看，农夫山泉无疑是一流的，无论是天然水的争端，还是“一分钱行动”都是在这样的情况下“出事”的。先被策划出来（当然这是设计好的），将全过程做成广告或软文，经由媒体发布信息，然后是舆论。

故事极具新闻效应。首先，饮用水是必需品，挑战的是“重量级”对手或整个纯净水市场，显然有广泛的“群众基础”。大家喝了20年的纯净水，现在突然出现“问题”了，当然会引起关注。其次，正面的东西不会产生新闻效应，只有负面的东西才能吸引眼球。

雪花啤酒的勇闯天涯形成强大的吸引力和故事情节，接着推出了用该活动命名的“勇闯天涯”的产品，无疑是一个高招。

青岛啤酒的事件营销接近社会的热点事件，并以热点事件开展活动，在借势上（如奥运营销），青岛啤酒更加务实。

2. 事件营销的核心：诱人的焦点话题

营销事件一定是媒体、消费者关注的，能够成为茶余饭后的谈资，也就是成为公众的话题。不但在消费者层面进行口碑传播，而且能在消费者心中占据一个位置。

从农夫山泉天然水事件来看，天然水有什么好处，怎么样才是好？这样焦点话题就形成了；对雪花啤酒来说，焦点话题更加不足，几乎没有与此相关的配合炒作；青岛啤酒的“我是冠军”活动显然更高明一些。

3. 事件营销的角色：强势的“意见领袖”

话题形成的初始阶段一般是非正式交流，随后，一些“意见领袖”阐释，通过大众媒介发表自己的观点。这个阶段的特点是传播范围扩大，以大众媒介的传播方式为主。

在天然水事件中，强势的媒介把焦点话题提升到一个很高的“势能”状态。这时，媒体的最前端进行“复合”引导，也就是说，“意见领袖”应该变成“天然水”了，进一步吸引大众。

在这一点上，三家企业中，农夫山泉稍好，但仍然不够，特别是在水源危机的“寻源千岛湖”事件营销中，强势“意见领袖”基本没有，啤酒“两强”也没有，这是很大的遗憾。

4. 事件营销的关键：广泛的大众传媒

事件营销能否成功的关键是大众传媒。大众传媒的广泛宣传起决定性作用，而实现这个功能的主体则是记者和编辑，不重视他们不可能取得真正的炒作效果。

网络加上传统的四大媒体能让“有趣”或有“争议”的事情无处遁形，这就是媒体的力量。

农夫山泉做得最好，不枉农夫山泉的老板是媒体人出身。在网络如此发达的今天，农夫山泉、啤酒“两强”，可谓用尽了网络的辐射力量和炒作力量。

5. 事件营销的难点：热烈的话题争议

话题产生的根源有两个：一是个体有共同的知觉、体验或者经历，但没有形成一致的态度；二是尽管没有知觉、经验或者经历，但是突然出现的新鲜事物有违传统观念。

事件营销的难点就在于对话题不一致性的感知上。如果大家的态度没有差异或差异非常小，传播、关注的可能性就非常小，也就没有意义了。

事件营销不要给消费者讲真理，如果非要讲，也不要把真理讲透，让他们自己琢磨出来更好，前提条件是他们对这些感兴趣。

关于话题争议，啤酒“两强”不敢涉及，农夫山泉当属中国企业概念炒作的高手，值得好好学习和研究。

6. 事件营销的原则：恰到好处的控制

假如话题争议很大，尤其是有违大多数消费者的愿望和有关法律、法规，这样的事件营销只能让自己陷入困境，这是要避免的。

事件营销既要设计出具有一定影响力的话题或争议性的话题，又不能违反有关法律，做到恰到好处的控制。事件营销原则是恰到好处，自己的意见和消费者的意见一致。

第一，好的控制。自己而不是媒体成为“意见领袖”，最后，与大众的意见一致。要做到重炒作更重口碑、重新闻更重实际情况，让大众觉得合乎情理。

第二，好的引导。要引导到对自己有利的一面，总的来说，农夫山泉天然水事件营销值得借鉴，核心是很好地控制了要达到的结果和达到结果的关键点。

四、快消品营销3.0时代的推广

（一）营销3.0时代的变与不变

2012年，马云和王健林打赌1亿元的回声刚落下，2013年经济年度人物董明珠和雷军的10亿元的赌局又甚嚣尘上。这不得不让人思考：互联网和移动互联网时代已经势不可挡了。

互联网、移动互联网、互联网思维已经渗透到所有行业、所有企业的营销中，因此，观点甚多，传统的营销人有些迷惑或无所适从。大家都在说：“离开了互联网，我们会怎么样？会一蹶不振、会销声匿迹、会被时代淹没、会被淘汰？”这让人感到“恐惧”，因为很多传统行业还在进行传统品牌打造和营销。互联网要“取代”所有传统的营销理论、工具、方法是不可能的。原因有两个：一是95%以上的中国市场还是传统市场，二是互联网改变了营销的工具、方法，但传统的营销理论依然有效。

传统的营销大师们支持或反对“互联网改变了传统营销的本质”

这样的说法，其实都不重要。重要的是，我们的企业、我们的营销与客户的联系是紧密了还是疏远了；客户的核心需求是得到了更好的满足，还是客户失去了兴趣；在适应和应对竞争方面是更有效了，还是趋于被动，被竞争者和客户牵着鼻子走。

互联网和移动互联网时代，3 年的时间诞生了小米——从 0 元到 300 亿元，市值 100 亿美元的互联网企业。什么在变？什么没变呢？

互联网中的营销信息传播并不是漫无目的的病毒式传播，而是有目的的、可定向的传递——即信息瀑布效应，聪明的营销者应当学会操纵这种巨大的能量。

不可否认，随着互联网的发展，对传统营销的影响和挑战日趋明显。我们可以深切地感觉到，在 10 年前，要想创立一个知名品牌，要经过多年甚至数十年的不懈努力；现在，互联网企业在短短几年内，就完全跨越了以前数十年的积累和沉淀。

（二）褚橙——励志橙，精神永存

且看励志橙如何引爆大众消费，出现一橙难求的局面。

品牌营销，已经开始由大众化营销转移到了小众、圈子营销和精神体验。

励志橙——褚橙的营销推广，做得就相当成功。

褚橙是怎么做到的呢？

1. 新媒体充当先锋

褚橙产品还没上市就已经沸腾了，柳传志、王石、潘石屹、韩寒、蒋方舟等都大量转发微博和对《褚橙进京》新闻进行免费的推广，潘石屹和柳传志还适时推出了潘苹果和柳桃（猕猴桃）。

柳传志说："有佳果与梦想相伴，就是生活本来的样子。"

王石在微博上转发《褚橙进京》的新闻报道，并引用巴顿将军的话评价褚时健："衡量一个人的成功标志，不是看他登到顶峰的高度，而是看他跌到低谷的反弹力。"

褚橙还适时推出"名人定制限量版"——蒋方舟定制版褚橙，借助美女作家将褚橙推向更年轻的人群。蒋方舟为褚橙包装题写了："根看果实不过是一小段距离，只有果实知道，那是多么长的路。"这句解读褚时健坎坷人生的话，被写到 1000 张限量版书签上，随着 1000 本蒋方舟的新书《我承认我不曾历经沧桑》，送到购买这款定制版褚橙的消费者手中。

另外，还将社会名人和有影响力的名言印在包装上作为礼物寄给消费者。

蒋方舟："虽然你很努力，但你的成功主要靠天赋。"

人生总有起落，精神终可传承；谢谢你，让我站着把钱挣了。

王菲："我很好，你也保重。"

韩寒的"私人订制"版本：复杂的世界里一个就够了！

韩寒还在微博上感动回复：我觉得送礼的时候，不需要那么精准的……

2. 传统媒体引爆市场

新媒体、故事、名人的推动，彻底引爆了褚橙的销售。

产品还没上市，消费者预订就已经完成，甚至托关系花高于普通橙子好几倍的价钱买褚橙。不是为了买橙子吃或送人，他们是在买或者传递一种精神。据说，5 年内的褚橙全部被抢购一空。

消费者评论：“看了褚时健的故事，51 岁任云南玉溪卷烟厂厂长，70 岁时女儿自杀身亡，71 岁被判无期徒刑，74 岁保外就医，75 岁承包 2000 亩荒山创业，84 岁时他的果园年产橙子 8000 吨，利润超过 3000 万元。买褚橙并不是想吃橙子，而是买了褚老的励志概念，买的是健康生活的理念，吃的更是一种高度、信仰和境界。”

褚橙，一个励志的故事，产品酸甜度最优、口感最佳，名人用微博转发，并直接邮寄印有名人的言论的包装，打动了无数的高端人群，并让他们利用圈子和互联网的影响力，快速撬动了市场，让主流媒体无偿报道。

3. 励志橙的逆袭，精神永存

我们发现，产品好是根本。褚橙，一个励志的故事，我们不是在吃橙子，而是在品味一种精神。

无论是产品，还是品牌、营销组合，都没有脱离传统的营销理论，变化只是运动的工具和方式，如微博转发、微信等互联网营销，这对传统的食品饮料企业的营销绝对是一种启发。

第四章

探寻快消品企业的营销策略

一、快消品企业旺季营销问题及解决策略

对于旺季营销，很多厂家是又爱又恨，爱的是人气旺、购买力强，恨的是要投入巨大的人力、物力，而效果未必好。

那么，对于旺季营销、节日营销，厂商需要把握的关键要素和注意事项又是什么呢？掌握旺季营销、节日营销的节奏、频率，需要厂商提前准备和制定方案。

（一）旺季营销问题的成因

对食品饮料厂商、特别是二三线品牌厂商来说，一到销售旺季就“又喜又忧”，而且忧大于喜，为什么呢？因为没有形成差异化的品牌形象。具体来说，与消费者没有关系，消费者不知道为什么要买这个产品，这个产品为自己带来的核心利益和价值是什么？

品牌形象当然不是一两天就能解决的，但总要有解决的办法和思路。也就是说，品牌形象也要通过一系列的策略完成，其实，旺季营销也是塑造品牌形象的方法。

旺季营销出现问题主要原因是慌、乱、差。

1. 慌——没有策略

“都在做促销了，赶紧上。”对很多厂商来说，旺季营销在很大程度上就是促销，但“促而不销”的现象也屡屡出现，促销方式也毫无新意。

看看现在的促销活动：揭盖有奖、人员促销、小礼品……不用想，

都是这些招数。对经销商来说，除了返利、旅游、奖励送货车辆、人员外，还有什么好招呢？对终端来说，最多就是包场促销，送空调、彩电，做招牌、门头，也是没有创意的盲目促销。按照他们的话说就是："别人做，我不做不行，至于有没有更好的策略，不是我们能左右的，做好执行就够了。"

没有策略的营销和盲人摸象差不多，没有策略的执行，可能比没有促销更糟糕。

2. 乱——没有计划

做营销，非常累，人累，心也累。一般的消费品或食品主渠道单一，无非是流通和卖场，最多加上小店，特殊食品还得加上另一个渠道——餐饮，可不要小看这个渠道，餐饮渠道可能需要花费很多精力。对厂商来说，旺季来临，各个渠道都是重点，都不能掉以轻心，这就使营销计划没有重点，也分散了营销资源。

我看过一份食品企业的促销计划，旺季计划是这样写的：时间、区域，内容：旺季终端和消费者活动，费用……下面空白，一张表就是一份计划。这哪是计划啊，没有具体内容、没有执行团队、没有目标，忽悠公司还是忽悠自己？

旺季到来，迫于销售压力，做到哪算哪，眉毛胡子一把抓，这种情况比比皆是。当然，计划也要和公司战略匹配。很多公司定一个目标、确定费用，其他事情全部由区域市场搞定，旺季营销自然会乱作一团。

3. 差——没有效果

没有策略和计划的营销活动，最多表面上热闹一番，效果自然不好。

有的营销管理人员说："钱花出去了也心安理得，如果还有结余，公司也不会奖励你，还会说你无能。"很多时候，营销活动的效果好不好，只能看"命"了，而且，很多食品企业的营销活动效果最后也是一笔糊涂账。评估报告就是几句话，如总体效果较好，基本完成销量目标，再附上一些自己制作的数据，至于这些数据与这次活动有多少关系，没人去管。

（二）快消品企业的营销策略

1. 创新品类

品牌塑造的目的，就是要让其成为品类的代表，占据消费者心智，并成为消费者的首选。近年来，娃哈哈等大腕企业推出新产品也频频受阻，市场上很难看到成功的新品牌或大单品。

从战略层面来看，首先，品牌的运作没有与时俱进，品牌严重老化；其次，没有让品牌成为一个品类的代表，或者说没有鲜明的特点和特色。我们经常说同质化，而同质化只能通过品类的创新或产品的微创新解决。

2. 大单品

无论是互联网时代还是传统营销时代，拳头产品也就是大单品、爆款产品，是企业获得高利润、不断壮大的根本。娃哈哈靠水制品起家，做成了家喻户晓的大单品。它靠营养快线，做到100多亿元，支撑了其800亿元左右的年销售额。但这两年再也没有成功的大单品出现，HELLO C属于战术产品，而启力、格瓦斯的表现不尽如人意，正因为如此，娃哈哈的销售额每年都在800亿元左右。

3. 区域制胜，打造基地市场

经常听到建立区域市场根据地、区域市场制胜的概念和打法，在品牌集中度不断提高的今天，这种打法从策略上和效果上都值得推崇。

区域根据地的建设也有前提条件：**第一，具有良好的基础：渠道、品牌、消费群、团队能力基础；第二，对手在该区域资源投入、渠道控制、品牌形象等各方面处于劣势或无暇顾及；第三，能集中力量攻击对手。**

从目前的情况看，单个产品只有在某个区域市场长期畅销，才能在其他市场畅销，而且要聚焦核心产品，通过不同产品运作不同市场成功的概率很低。

这也是营销的一个规律——大企业、大品牌、大市场。

4. 回归产品的原点

现在，不少跨界的投资人都投资消费品，都想快速致富，炮制出来很多“概念”，但失败的多。比如，一些打着“健康”旗号的饮品，经过一两年的炒作，顶不住费用和销售不佳的压力，纷纷败下阵来。

产品问题至关重要，当然，产品能为品牌和营销加分，并不是说其他事情可以不做了。需求是营销的出发点，产品是基础。产品能给消费者带来价值，以及超越消费者的期望形成体验和口碑，这才是一个好产品。

（三）旺季营销操作的关键流程

1. 确定营销目标

任何营销活动，确定目标都是第一位的，节日营销也不例外。

首先，营销目标一定与企业的营销战略有关。对节日营销来说，要看节庆活动是为了实现品牌推广、口碑传播还是短期的销量。

其次，通过开展活动，了解目标消费者的生活习惯，为品牌的宣传和塑造提供依据，如户外广告、电视广告等媒体宣传提供参考。

最后，借助节日消费推出新产品，能够快速接触消费者，能够快速进入市场。

所以，要制定一个明确的营销目标，如销量、销售额、目标消费者要达到的人数、参与度等。

2. 选择营销主题

很多渠道营销活动成了经销商“黑色收入”的温床；消费者活动最后成了看完节目、做完游戏就“闪人”的“潜规则”。这样的营销活动没有任何意义，活动结束，消费者连这个品牌是什么名字都没有记住。最大的问题出在什么地方呢？最大的问题不是活动不精彩、不热烈，而是活动的主题不清晰、不能打动人。

主题是需要策划的，策划则需要创意。确定主题需要与品牌及产品结合，也要符合目标群体的身份和特征。所以，在确定主题时不妨从选定目标消费者开始。比如，在某个圈子或针对某个爱好选择消费者，在活动中嵌入这样的主题，引起共鸣。

3. 构建行动方案

总的原则是不断有小的亮点和小的高潮，不能“一路平淡”，流程和规范非常重要，一定要紧扣活动主题。因为营销活动不是慈善活动，要讲究回报，营销活动要有价值体现：目标消费者获得了价值，厂商实现了价值增值。

严格按照既定流程进行，保证营销活动的效果和影响力，包括方案的制定、内容、形式、载体。如果是卖场内部展示，就要突出生动化和趣味性；如果是卖场外的活动，互动性一定要高，提高消费者参与的积极性。

在组织保障方面，要成立专门的推广小组，一来可以保证活动执行准确、及时，二来可以在资源保障上提供强大的支持。

（四）旺季营销的注意事项

1. 创意设计

很多企业感叹节日营销成了“鸡肋”，食之无味，弃之可惜，但不做又不行，一来大家都在做，二来不做渠道商也不答应。其中，一项重要的任务就是要设计有创意的活动主题和活动内容。没有创意的主题和活动就如同没有灵魂的肉体，丝毫没有吸引力。

2. 产品组合

产品组合要符合目标消费者的购买习惯，礼品装、大包装的产品和大包装附带赠品是不错的选择。新产品的推广、上市是良好的时机，在节假日消费者有充裕的时间吸纳信息，听取促销员的介绍和推荐。老产品和接近“顶期”的产品可以借助节日旺销做特价和赠送。总之，产品组合要采用以新带老、突出新产品的策略。

3. 双向互动

自说自话当然不能引起关注，在消费者日趋理性的情况下，一定要创造体验式的消费者氛围。卖场的营销活动要跳出千人一面的赠饮、试吃的窠臼，卖场“小区域”氛围的营造很重要，导购人员的话术要得当、规范，要有趣味性和互动性。

4. 厂商配合

旺季营销不仅仅是厂家的事情，商家也要全方位配合，如货源储备、人员到位、物流配送等。卖场的堆头、排面要在活动前做好卖场谈判，拿到好位置，进行合理的布置。

5. 节奏把握

设计一个统一的主题，诸如“举国欢庆，合家团圆”等。不要耽误和影响日常的销售工作，因为准备节庆活动会耗费大量的时间和精力。

我去卖场购物，发现节假日临近时，很多产品还不齐全、店员萎靡不振，一连走访了好几家卖场都是如此。我百思不得其解，后来在观察和询问了多名店员后才恍然大悟。原来，为了准备“双节”活动（元旦、春节），店员们每天都在搬运物料、礼品、促销品，体力严重透支，加上节前的业绩普遍不好，故服务水平严重下降，经常发生与消费者争吵或怠慢消费者的事情。

6. 人员培训

培训，长期看是为了提升员工素质，短期看是为了让员工熟悉节庆活动内容、流程等，而最终目的是给消费者提供更好的服务，这个环节是必不可少的。培训可以引起员工的重视，起到提醒和警示作用；规范员工的言行，做到万无一失。

7. 突发事件处理

节假日人流量大、交易频繁，不可避免地会出现一些问题，如理解偏差、服务不到位，甚至是销售政策也有不足之处等。这就需要做好突发事件的应急处理工作，要有专人值班，负责处理突发事件。

8. 评估改进

开发一个新客户的成本是维护一个老客户的3倍多，所以，要在活动结束一周内完成活动的评估和改进工作。

第一，既然是一种旺季营销的运作模式，就要体现规范性和可复制性，成立专门的推广专业小组负责执行旺季营销活动。

第二，配套，就是从营销战略、资源、人员上支持旺季营销活动，并在活动前、活动中、活动后建立全方位的流程和标准化模式。

第三，做好跟踪服务，与其花大力气开发10个“没谱”的新客户，不如维护好1个老客户。

二、中小饮料企业的旺季营销策略

很多企业都在惊呼：“生意难做。”虽然经济大环境在短期内很难改变，但是微观环境还是可以改变的。那么，中小饮料企业如何开展旺季的市场营销工作呢？

（一）做好规划工作

这里说的规划工作是营销战略层面的工作，中小饮料企业的战略布局向二三线市场倾斜，主要原因如下：

第一，一线市场由于受到金融危机的影响，消费水平和消费频次下滑，竞争强度增大。

第二，城市的工业区、特别是制造业发达的城市工薪阶层收入降低，人员分流，需求自然下降。

第三，二三线城市人员回流，特别是一些县级市场，消费水平在一段时间内不会降低，甚至会逆向增长。

找好旺季的根据地市场，这样，在危机中才能找到商机。这个根据地不一定是一二线市场，也可以是重要的县级市场，甚至农村市场。

从公司的高层到中层，都要充分重视商业环境的变化，不断适应这种变化。国家不断推出刺激经济的组合措施，农村的消费需求会逐渐扩大，对广大的中小饮料企业来说，这是一个机会。

在策略上，营销策略重心“下移”，从一线城市到二三线城市（包括部分重点县级市场）；资源配备和组织架构到位，人员安排要科学、合理。针对二三线市场对周边市场形成一个辐射圈，围绕这个核心进行重点突破。

（二）产品要到位

看到农夫山泉公司的水溶 C100 卖得那么火，还卖得那么贵，我不由得感叹：在中国市场上，一个好产品就是一个好市场。

如果说产品是基础，可能很多人会说“老掉牙”了，但我不认同。说中国的产品时代、品牌形象的时代已经过去了，单纯的卖点（USP）已经不可能打动消费者了。说错了吗？没有，但说得太绝对了，水溶 C100 的异军突起，不是单纯定位的成功，是创新产品的成功。

所以，确定战略后，产品开发一定要跟得上，不然，那么多的资源和人员都将被浪费掉，销售人员也会在完不成销售目标的深渊里挣扎。

对一般的中小饮料企业来说，需求永远是根本，要不断发现、调整产品策略。针对二三线市场或一些重点的农村市场，开发出几款新产品，配合农村市场的“下乡”营销攻势，搭便车未尝不可。

（三）渠道管理（包括终端）是关键

很多厂家在淡季很注重渠道的激励和维护工作，但在旺季就忽视对渠道的管理和控制，只盯着销售数据。到了需要在渠道发力的时候，发现经销商、二级批发商无法沟通，终端资料不全，不要说不遗漏了，连基本的覆盖也达不到。

对经销商的管理，重在目标的实现和过程的控制，如量化的产品系列、渠道的覆盖和厂家的资源、控制力度匹配。绝不要提出不现实的目标，经销商、重点二级批发商的选择也要适合：双方在需求、目标、资源、认识上相对一致。

对终端的管理，可以分渠道、分经销商管理，也可以派业务员协助二级批发商和经销商管理终端，做到分类管理、重点走访、重点宣传、货畅其流。

渠道管理一定是双向的，而不是下压式的管理。要有目标，也要有实现目标的策略和路径。多做协助，“以我为主”进行管理和沟通工作。

（四）宣传、推广注重效果

中小企业在旺季做宣传和推广最讲究效果，当然不是说不要进行品牌形象的投资，而是在宣传时注重产品的销售效果。比如，新产品上市，中小企业在旺季推出新产品可以考虑用品牌背书的形式，突出新产品的名称，会取得意想不到的效果，最好少开展路演、赠饮活动，把这部分的资源投入在人员促销、特价、赠品上。

（五）团队建设是难点

销售工作最难的是管人。要管好人，首先要有完善的制度、严格的标准和对销售目标的控制力，以及对销售人员的支持和培训。

组织架构是保证执行力的基础，没有组织就是一盘散沙。对中小饮料企业来说，在销售旺季不是人多就能取得胜利的，按照市场的分布，集中人员进行旺季铺货的促销效果更好、更有效率。

要完善终端人员的走访标准和控制标准，不断评估销售效果和效率。旺季销售要体现气势，更要有不怕输的精神，唯有如此，才能打造铁一般的团队。

加强业务员的培训。主要分为日常的例会、专题培训，如产品陈列、生动化、客户沟通、新产品上市的专项培训等。特别是新产品上市的专项培训，一定要模拟现场进行，或者直接将团队拉到市场进行，让业务员身临其境，效果更好。

中小企业旺季销售工作要有战略和营销策略，但更重要的是团队的执行能力，以及执行过程中的细节和调整。

变就有可能，中小饮料企业也能在经济寒冬里创造“温暖”的“旺季神话”。

新产品上市试饮（试吃）的关键流程与核心要点

1. 试饮（试吃）的关键流程

流程不是解决“为什么而做”、“为什么只能这样做而不能那样做”

的问题，而是解决“怎么做”的问题。新产品试饮（试吃）的关键流程如下：

（1）准备阶段

如果信息收集、卖场沟通不充分、不到位，将使得整个试饮（试吃）效果大打折扣。

要准备什么呢？一是试饮（试吃）活动安排进度表（地点、时间、场次），二是制定试用活动工作流程。场地联系、卖场外围的宣传、营造气氛，礼品、产品展示、相关物料准备等，布置现场，包括对卖场外围环境进行适当包装和展示，突出特点和品质。

（2）执行阶段

总的原则是不断有小亮点和小高潮，不能保持一个节奏。中高端产品的消费者关注的首先是体验，其次是味道，试饮（试吃）活动一定要体现价值。目标消费者获得了价值，厂商实现了价值增值。

严格按照既定的流程进行，保证效果和影响力，主要包括：向目标消费者打招呼、介绍产品和品牌、与消费者沟通、传递利益点和价值、促使消费者购买、填写反馈表、收集相关信息。

（3）维护阶段

在试饮（试吃）结束后3天内完成电话、信函回访，听取消费者意见并评估活动。向核心目标消费者邮寄礼品，并邀请他们参观工厂或品尝其他新产品。

2. 成功试饮（试吃）的核心要点

（1）确定营销目标

首先，销售目标。对中高端新产品推广来说，通过试饮（试吃）

吸引消费者现场购买，完成销售目标，销量也是试饮（试吃）活动的重要环节。要做好试饮（试吃）活动的计划，完成销量目标。

其次，品牌目标。通过开展试饮（试吃）活动，向目标消费者传递产品和品牌信息。另外，了解核心消费者的生活习惯，为品牌的宣传和塑造提供依据。

最后，可以建立核心忠诚消费者的档案资料库，为会员营销提供数据支持，如DM邮寄、新产品告知等。

（2）做好卖场陈列

在试饮（试吃）活动现场一定要配合卖场的特卖活动，至少促销员要告诉消费者促销的新产品可以在哪里买到。否则，消费者只知道有这个产品并且还不错，可是他们不可能跑遍商场去找。

试饮（试吃）绝对不要成为一种形式。那么，就必须在卖场做好陈列，陈列也是品牌面貌和精神的体现。

第一，排面的陈列，按照平常的陈列原则进行，突出重点推广的新产品。

第二，原则上，在活动期间要让卖场无偿扩大正常的排面。

第三，给予新产品特殊陈列的支持，如在活动场地周围设堆头或特殊陈列。

（3）组合好现场人员

第一，人员培训。包括企业、品牌、产品知识的培训，一套完整的话术，产品卖点、利益点。

第二，人员分工。试饮（试吃）现场的分工，排面、端架、堆头周围人员的分工，便于现场拦截。

第三，人员组合。销售人员（促销人员）、推广人员、现场主持人员等组合。

慎重选择促销人员。要记住：一个好的促销人员会使促销效果至少提高5倍！不要因为时间仓促或降低成本而随便找几个大学生在试饮（试吃）台前站一天就完事了，这样的活动还不如不做，反而会影响产品形象和企业形象。

（4）实现销售目标

第一，既然是一种活动的运作模式，就一定要体现规范性和可复制性。根据需要可以成立专门的新产品试饮（试吃）推广专业小组（几组同时或流动循环进行），并建立中高端人群的资料库，将其常规化，并作为中高端产品、品牌运作前期的核心推广方式。

第二，建立配套标准，从营销战略、资源、人员上支持精准营销的方式，并建立全方位的流程和标准化模式。

第三，做好跟踪服务。

（5）考核评估

第一，实现营销目标。占40%左右的权重，包括销售目标的实现程度、品牌推广（目标消费者的接触数量，现场和卖场展示）。

第二，执行过程。占40%左右的权重，包括物料准备、现场效果和氛围、消费者沟通、卖场的支持程度。

第三，问题收集和表格填写。消费者资料的收集和试饮表格的填写，消费者反馈的信息、主要问题的收集等。

具体的评估标准包括：参与试饮的人数；受影响的人数；参与试饮者的实际购买的比率；现场参与者和围观者对产品及促销活动的评价；

如果是持续性的试饮（试吃）活动，还可以比较活动前及活动后产品知名度和购买率的差异。

三、新市场开发的关键点

每年有大量的新产品上市，也有很多老产品要拓展新市场、新渠道。这里说的新市场主要指新老产品首次进入一个全新的区域市场。做消费品，特别是快消品的人都知道，新产品推广是有难度的，每年新产品推广上市其成活率不到10%，而新产品在新市场上市的难度更高。

为什么新产品和新市场拓展这么难呢？

首先，对快消品来说，最重要的还是产品力。现在的产品同质化严重，真正能够满足消费者需求的创新产品少之又少，能够引导消费者的产品凤毛麟角。你有、我有、全都有，中小企业的产品如何卖得比大企业好？

其次，渠道力。在中国快消品市场，得渠道者得天下。去三四线市场看看，很多从来没有见过的品牌卖得很好，就算在一些大城市的工业区、城中村，一些饮料、凉茶、乳品也非常畅销，如“沃尔玛”功能饮料、“下火王”瓶装凉茶，经常看到它们在一些城中村整车地送货。至于乳品，珠三角地区的很多小企业请一位明星代言，将明星头像印在包装上，包装就是广告，价低、包装精美的产品一样卖得很火。

当然，价格总是绕不过去的，一定要设置较大的利润空间，没有品牌力，就得靠渠道的力量推动销售了。

最后，团队、品牌、推广等因素。至于团队，不一定要人海战术，不过，合理的业绩和激励机制非常重要。大品牌要规范，要执行力；小品牌要灵活，更要执行力。执行力从何而来呢？取决于激励机制和目标的达成情况，以及自身的能力。品牌和推广不是一两天就能做好的事情，先有销量，才能有时间和空间精耕细作。

下面具体说说市场运作的关键点。

（一）找到市场的切入口

进入新市场前，不管是否已经确定要进入这个市场，都要对这个市场进行全面的走访和调研。一是要知道这个市场的大致情况，二是要知道这个市场的竞争状况，三是要知道渠道结构、终端的表现，四是要知道消费者的购买习惯和特点。当然，还可以深入了解当地的文化、习俗等，为以后的宣传、促销、推广做铺垫。

分析市场后，大致知道了主要品牌的产品、价格体系、利润，就会得出一些关于新市场的产品及产品组合的策略，明确从哪个渠道、以哪种方式切入市场。

（二）选择合适的经销商及渠道

确定产品组合后，要在当地找一个合作伙伴完成产品分销，让产品到达消费者手中。经销商选择用一句话就可以概括：合适的就是最好的。有的品牌喜欢找当地有影响力的经销商，认为有实力就可以轻松实现目标，但实际情况并非如此。

第一，实力雄厚的经销商，运作的品牌多，没有精力也不愿意在一些新产品上花大力气。

第二，不重视，有些小品牌一年都没有多少销售额，大的经销商根本没有兴趣。

第三，现有网络不匹配。有的经销商虽然大，但大品牌一般不需要自主开拓市场，只需要资金能力和送货能力就够了。

什么是合适的经销商?

与自己的品牌和企业实力吻合，能够按照企业的要求执行，能够坐下来与区域负责人沟通做市场，资金实力基本达到要求，网络和新产品市场运作匹配，经销商将新产品当作主要品牌运作，经销商无不良嗜好，家庭和睦。

（三）制订一个完整的市场启动计划

完成前面两项工作后，你就得制订一个市场启动计划，诸如新产品上市的方案，前面已经做了市场走访和调研，相对来说，这个不算难。新产品上市主要内容无非是用什么样的产品及组合，利用什么策略和方式让渠道、终端接受，然后从终端启动入手，吸引消费者尝试，带动渠道走货，实现渠道覆盖和终端货物更大面积的覆盖，如商超、小店、特通渠道等，最终实现货畅其流。

其中，最重要的是制订一个详细的铺货计划和动销计划。

（四）团队架构

在这里，关于团队招募和培训的内容就不详细说了，我的书——《一位销售经理的工作心得》有论述，这里主要说说新市场开发的团队架构设置问题。

千万不要以为人多好办事，这和“把货铺到渠道，终端就可以等着消费者买走”的道理是一样的。团队架构要和分销的目标和启动市场的步骤一致。我认为，区域市场启动要根据经销商能力、竞品情况，以及区域特点设置团队架构及人员数量，以能够覆盖、控制和匹配为好。

第一，如果纯粹是从终端启动，那么，刚开始不要分得太细，业代直接负责拿单和送货、结账，按照片区进行走访。主管负责抽查走访效果，片区经销商负责协调工作。经理负责整个区域市场的检查、控制和经销商管理工作。进入启动期后，可以增加理货员、二批分销业代和拿单的业代，拿单、送货分离。

第二，如果是终端和特约分销一起启动，就需要设立特约分销业代、终端业代，上面再设立主管、经理和副经理。然后，视市场情况，增加理货员、促销员等。

（五）推广——区域负责人就要成为多面手

推广环节不仅是宣传、提高知名度，还得在新产品上市后做促销、拉动销量的好时候，要让消费者了解品牌、产品的价值感，新产品默默无闻地上市、默默无闻地促销是没有任何效果的。

区域负责人说：“我让经销商把产品从公司发到经销商仓库，再从仓库铺到市场，我的任务完成了。如果卖不动那是产品的问题、是品牌的问题，但不是销售的问题。”这是不对的，区域负责人就是这个市场的全权代表，卖不动就得想办法，在产品、品牌一定的情况下，就要靠销售解决问题，区域负责人责无旁贷。这就要求区域负责人不但要懂销售，而且要懂市场、懂管理，更要懂人和人性。

推广怎么做？主要是让消费者知道品牌和产品的特点、卖点，知道产品能够给自己提供什么、满足自己哪些需求、带来哪些利益和价值。最好的效果是，自己的产品和其他产品、品牌不一样，购买这个产品能给消费者带来不一样的感受。

四、“再来一瓶”风行的营销原理探析

“再来一瓶”——看似简单的促销方式，却在市场上和消费者中产生了强烈的反响。康师傅、统一等茶饮料的“大鳄”都在开展“再来一瓶”的活动，基本没什么变化，活动形式和内容都一样，只是康师傅茶饮料系列产品的中奖率似乎更高。

“再来一瓶”并不是康师傅、统一的原创。从 20 世纪 90 年代中期开始，啤酒企业就已开始做开盖有奖活动。虽然啤酒行业的开盖有奖活动进行得很早，但影响力远没有现在的大。究其原因：一是啤酒行业当时的集中度不高，往往是以区域市场为主，从营销角度看，仅仅是一种竞争战术。二是从市场环境看，互联网的发展远没有今天发达，这种促销方式只是单方面进行，不能形成互动效应。三是从形式上看，啤酒行业的开盖有奖活动是消费者活动，但从实际效果看，却变成了终端的进货激励、人员促销的推动政策。也就是说，在终端竞争白热化的阶段，开盖有奖活动可以提高终端进货和酒店、餐馆服务员推荐的积极性。

一个瓶盖中奖的金额不等，大奖很少，大多数瓶盖都被小店老板或

服务员在打开瓶盖的时候截留了。关键是啤酒和茶饮料的消费方式和消费心理有很大差别，大家都知道，朋友聚在一起喝啤酒，一般不会只喝一瓶，反正都要喝，大家都会点有奖的啤酒喝，试试运气；而喝茶就不同了，很少有人连喝几瓶，中不中奖，关注度不高。

这就是饮料很难通过开盖有奖活动取得良好效果的主要原因，但随着市场环境的变化，尤其是茶饮料行业的品牌集中度不断提高，康师傅、统一、可口可乐等饮料行业巨头改良开盖有奖活动，不以现金奖励，而是用奖励同类产品的方式取得了成功。

（一）“再来一瓶”是一种营销战略

康师傅“再来一瓶”的最终用意，绝不仅仅是用促销的方式赢得消费者、赢得市场、制造壁垒，因为统一、可口可乐也在做这样的促销活动。如果仅从营销战术上看，这种方法是“不可取”的，企业存在的根本是盈利，按照康师傅公布的茶饮料20%的中奖率来算，其产品相当于打8折，康师傅15瓶装32元/箱，每瓶2.13元，8折就是1.71元/瓶，能赚钱吗？我们要弄明白两个问题：一是兑奖率有多高，这是康师傅打击竞争对手和打击二三线品牌的撒手锏。据行业内资深人士说：“一般的开盖有奖、‘再来一瓶’活动的兑奖率在50%以下，甚至某些品牌的有奖活动的兑奖率在10%以下。”二是从战略层面看，在旺季，茶饮料占据市场半壁江山的康师傅压力巨大，不进则退，要想稳固领先的地位，就必须遏制竞争对手。

这是一种以攻为守的战略。领导品牌有两次抢占市场的机会，但先发制人，就会让处于市场弱势地位的品牌“风雨飘摇”。道理很简单，就是让对手的渠道受阻，货进不了终端，试想压力有多大。就算短期内不赚钱（前面已经分析过，不可能不赚钱），也要让竞争品牌或“杂牌军”分不到一杯羹。

（二）“再来一瓶”的营销原理

如果在10年前做这样的活动，不论从创意还是从营销战略看，都是很难成功的，但现在的营销环境已经发生了变化。所以，整合营销传播之父唐·舒尔茨说：“互联网已经改变了传统营销，互联网营销的本质是人际关系营销……”

汤姆·海斯和迈克尔·马隆在《湿营销：最具颠覆性的营销革命》一书中说：“回归人性的真诚关怀，回到人类社会之初，那个充满感情和信任的人际关系中。”他们预言：随着互联网的深刻变化，营销已由“干”营销，变成了今天的“湿”营销。

“湿”营销是指借由互联网上的社会性软件（Social Software）聚合某个群体，并以温和的方式将其转化为品牌的追随者，赋予消费者力量，鼓励他们以创造性的方式贡献和分享内容，从而影响商家的新产品开发、市场调研、品牌管理等营销新战略。

当你打开一瓶饮料的时候，想着“再来一瓶”，是不是希望碰碰运气，是不是觉得有小小的乐趣，与那种冷冰冰的理性营销形成鲜明对比。

（三）没有真相

康师傅这么做的目的，我们大致可以推断出来，无非是继续巩固茶饮料的领导地位，打击二三线品牌在旺季上量。在这场声势浩大的促销大战中，康师傅大获全胜。

凡事有利必有弊，此活动也不是没有负面影响。可能会因为兑奖不到位而落下“不诚信”的口实，有“不正当竞争”的嫌疑，成为行业的“营销公敌”。

我倒不是因为想知道这些所谓的“真相”，而是希望任何营销方式都有可持续性，而不是损害和透支企业和行业的未来。

五、混合饮料：产品做加法，营销做减法

如果一定要说什么是混合饮料的“趋势”，那只能说“创新”的混合饮料是“趋势”，或者说迎合消费者心理需求的混合饮料是“趋势”，更细致一点的就是能够形成“记忆点”和良好“体验”的混合饮料是“趋势”。因为饮料行业出现乔布斯的可能性不大，所以，我们不要寄希望于开创一个“伟大”的饮料产品引领潮流！可是，塑造出人人都能喝、都喜欢喝的产品还是有希望的，比如，娃哈哈的营养快线。

混合饮料的发展宏观趋势，一定是以健康、复合、口感、体验、便利取胜；具体的中观策略是产品做加法，营销做减法。

产品做加法是什么意思？要在产品的开发上下足功夫，做加法。产品本身是最好的口碑，第一要务是提高产品的静销力。饮料要做大众化，不做“先驱”，很多企业想做“先驱”，最后却成了“先烈”。要适当创新，因为有差异化才有存在的机会，大多数企业都是中小企业，不可能有大量广告做支撑，那么，如何竞争？跟随及适当的创新，做加

法，如和其正凉茶从罐装改成了瓶装。

另外，还要解决吸引力的问题。如果你的产品放在终端不能吸引消费者，产品这关就过不去；价格参照和价格体系，总要在渠道的推动力上多下功夫，大多数企业都不能直供终端，饮料大佬也一样，方式是渠道精耕。中小企业哪能和“家大业大”的大企业一样进行全方位的投入呢？一定是渠道精耕中的再精耕，运用价差、利用渠道的力量结合具体的终端动销策略，实现市场的快速覆盖和销量提升。

可口可乐的果粒橙、果粒奶优就走“加一点”的道路，不但加了一点牛奶，还加了一点果粒，增强了消费者的体验感，是一个卖点，更是一个记忆点。有人说：“简单就是最好的。”但对大多数中小饮料企业来说，不是简单或复杂的问题，而是要有效果，如果简单没有效果，简单又有何用呢？

营销做减法，是要制定合适的营销策略和目标，不要贪大求全。线上、线下，全渠道覆盖……这些都是常规的大企业的做法，大企业可以做好，中小企业未必能做好。最有效的方法一定是基于企业、产品和市场规律而总结、提炼的方法。

减法一：哪里是主渠道。益优特采用以卖场为主、小店为辅的方式，显然与产品特性不吻合，应该以便利店、商业区小店为主，卖场为辅。在推广、卖点提炼方面，益优特摇摆不定，四重营养——到底是饮料还是牛奶？这很重要，如果是饮料，就要在小店和便利店一瓶一瓶的卖；如果是牛奶，就要在超市里一箱一箱的卖，以家庭消费为主。瓶装饮料在卖场的销量远不如小店和便利店，统计数据显示，大多数饮料，至少 80% 的销量都来自卖场之外的终端。

减法二：二三线市场和一线城市的外围。总做中心城市不一定是对的，二三线城市或者一线城市的外围往往是中小企业饮料新产品上市的市场引爆点。

减法三：卖场为辅，小店为主，渠道精耕。几年前，那么多的凉茶品牌在华南市场折戟沉沙是什么原因？是不懂饮料的销售规律。记得某投资公司的人对我说："我做了很多风投项目，都很成功，家电、保健品……后来准备做凉茶，招了很多熟悉 KA 卖场的销售管理人员……结果，那个凉茶项目已经'死'掉了。"凉茶在哪儿卖？销量最多的不是 KA 卖场而是小店。

和其正瓶装凉茶也是在深圳市区外（龙岗、宝安）一步步做起来的，而不是在市区内的大卖场做起来的。小店、城中村、工业区是深圳市场独特的饮料销售模式。中小企业卖饮料，很难做到掌控终端，但可以通路精耕，这是康师傅行销中国的精华，很有借鉴意义。

很多时候，不是企业的产品不好，而是在寻求持续发展的过程中，企业的产品体验和营销管理出了问题。

六、瓶装凉茶成功的三大关键

王老吉瓶装凉茶上市的时候（**原加多宝食品饮料有限公司运作的王老吉品牌，下同**），相关负责人表示：王老吉推出瓶装产品是为了产业市场扩容，更好地满足凉茶市场的需求。瓶装王老吉将保持罐装王老吉一贯的品质标准，瓶装王老吉将作为罐装王老吉的有力补充，率先在部分重点城市上市，逐步推向全国市场。

王老吉瓶装凉茶作为罐装的补充，只是基于现实的考量，“自己打自己”就没有意思了。“率先在部分重点城市上市”明显是“外交辞令”，按道理，新产品上市肯定要找基础好的市场，此时从珠三角地区跳出来找浙江、河南这样做了很多年但收效不理想的区域市场，显然是想检验一下上市的效果和消费者接受程度，如果不行就撤。

王老吉要将瓶装凉茶推广成功，而且一定要成功，否则，罐装产品将被瓶装凉茶不断蚕食，甚至被赶到餐饮渠道、现代渠道和特通渠道，那样，王老吉罐装凉茶就有被“边缘化”的危险。由此看来，加多宝太过于“谨慎”了（不知道内情，只能这样揣测）。

和其正瓶装凉茶经过几年的市场培育，已经获得了部分主流消费者的认可，可谓是包装制胜的典范（便于携带、600ml 更实惠），同时，借助康师傅“再来一瓶”的方法，“引爆”了整个华南市场。但霸王凉茶在跟进的时候，却没能重现辉煌，霸王凉茶的失误很明显，如果不用“霸王”这个名字会怎么样？可能是另一个结果，这里不再讨论。

王老吉推出瓶装产品，消费者肯定会尝试消费，也就是说，铺货及铺货后的第一轮动销应该没有问题。

瓶装王老吉，每瓶500ml、终端价格4.5元，如果是4元/瓶，就会抢自己罐装产品的消费者，如果定在5元/瓶，消费者就难以接受了。瓶装饮料，5元的终端零售价是一个坎，超过限度，很难做到一定的规模。

综上所述，终端价格设定、第一轮动销肯定没有问题，那么，可能遇到的问题是什么呢？

（一）上市区域

这也是界定消费者的过程，因为三四线城市要接受 4.5 元的终端零售价是有障碍的。瓶装产品一定要做一二线市场，让其他品牌进不来，进来了也站不住脚。和其正在珠三角地区主要在城中村、厂区、工业区、城区、郊区接合部等外围市场销售，在这些地方，消费者价格敏感度高、追求实惠，王老吉瓶装产品直接引发正面冲突没有任何意义。相反，要直接做和其正做不了的一二线城区市场，不给其继续渗透的机会。

（二）价格体系

王老吉瓶装凉茶是否有足够的毛利让渠道商推动产品销售。4.5 元的零售价，消费者首次尝试不是问题，因为有王老吉强大的品牌号召力，接下来，没有渠道的推动力，新产品上市后很难进行全面维护。很多时候，产品最终上量，一定要让二级批发商等分销系统接受和推介产品。

（三）管控模式

王老吉瓶装凉茶应该采用原有的终端掌控模式，但刚刚运作的新产品，与原有产品是同时操作还是由新团队操作，这都是问题。新产品刚刚上市，由渠道精耕慢慢变成终端掌控会更有效率、更有效果。

不管怎么说，要在第一个关键点上理清思路，弄清楚推出瓶装凉茶的目的：一是不同包装形式增量；二是抵制竞争品牌在一二线城市的竞争，不让竞品蚕食销量；三是不让对手的瓶装凉茶成为整个凉茶市场的主流，就算瓶装产品要成为凉茶的主流，也要凉茶品类的开创者王老吉自己成为主流。所以，瓶装凉茶一定要在主要城市和基地市场推广，而且越快越好。

王老吉、加多宝之间的官司、广告、口水战等炒热了凉茶市场，迅速让一个区域凉茶品类被全国消费者接受，并完成了消费者教育。这是好事也是坏事，好在市场规模不断扩大，坏在瓶装凉茶成长性受到了压制和破坏，包括加多宝、王老吉、和其正的瓶装凉茶。

现在的情况是，广药收回了给加多宝的王老吉品牌使用权，从此便开始了加多宝和王老吉的“红罐大战”。尽管官司不断，但结果皆大欢喜，加多宝 2012 年的销售额约 200 亿元，王老吉 2012 年的销售额约 40 亿元。

2013 年，广药王老吉宣称销售额超过 150 亿元，看到这个数据，大家都很吃惊。仔细看看，这个数据不是按照出厂价核算的销售额，而是按照终端零售价核算的销售额。因为凭市场经验，加多宝和王老吉的市场覆盖和销售不是一个量级。

王老吉出厂价销售额不会超过 80 亿元，而根据市场经验估算，2013 年，加多宝出厂价销售额应该在 200 亿元左右；按照出厂价估算，2013 年凉茶总销售额突破了 300 亿元。

第五章

快消品企业的营销战略思考

一、移动互联网时代快消品企业的“活法”

多年前，马云就说过：“今天你不做电子商务，明天你将无商可务。”

看到那么多互联网品牌诞生，几乎是一夜之间红遍全国，如三只松鼠、褚橙进京、雕爷牛腩、黄太吉煎饼；但也看到很多传统企业销声匿迹或奄奄一息，如食品饮料企业的旭日升、健力宝、太子奶……

看到一篇文章写快消品企业是怎么“死掉”的，心里有些不是滋味。我们不仅要知道其他企业是怎么“死掉”的，更要知道在新营销时代，食品饮料企业怎么才能活下来，而且要活得更好！前面提到的“死掉”的企业，其实与互联网没有多大关系，企业 3 ~5 年做到上亿元或数十亿元的销售额已经屡见不鲜了，这与互联网或者移动互联网有莫大的关系。

那么，移动互联网时代的食品企业要怎么做，或者有哪几种“活法”，才能顺应大趋势，活得更好、更健康呢？

（一）要不要做互联网

很多传统中小食品饮料企业，只在口头上说很重视互联网营销、电商，也认为这是不可逆转的大趋势，但在具体的产品策划、品牌推广、渠道选择上还是传统的一套打法——铺货、宣传、促销、人员跟进，每年工作基本是固定的，年初经销商打款压货，二级批发商订货会，协销、铺货，旺季消费者拉动，淡季市场维护，一年工作基本结束，等着回家过年。

电子商务要不要做？

当然要做！不但要做，而且越早越好。不但从意识上，而且要从最简单的工作做起。电商是一种战略，总要有具体的推进计划和内容，突破口在哪？比如，从简单的微信营销开始，中小企业的微营销结合电子商务；也可以利用百度推广，百度百科、百度知道、百度贴吧等，开设天猫商城、建立自己的营销网站和举办消费者推广活动。

（二）互联网思维

互联网不仅是一种技术，还能给客户提供一种全新的体验。人大代表雷军在两会上这么阐释互联网思维：

（1）互联网思维就是用互联网方式低成本地聚集大量的人，让他们来参与，相信群众，依赖群众，从群众中来，到群众中去。

（2）互联网思维的核心是口碑和体验。

（3）害怕被颠覆的人，一定要研究互联网，如果不研究，你迟早会被颠覆。

互联网思维：走群众路线！关于互联网思维的观点数不胜数，有四字之说——用户、体验；也有七字真言——**雷军总结的小米互联网模式：专注、极致、口碑、快。**

具体表现为：

（1）用户思维：得屌丝者得天下、兜售参与、用户体验至上。

（2）简约思维：专注，少即是多。

（3）极致思维：打造尖叫的产品，服务即是营销。

（4）迭代思维：小处着眼，微创新。

（5）流量思维：免费是为了更好地收费，坚持到质变的临界点。

（6）社会化思维：社会化媒体——口碑营销、社会化网络——众包协作。

（7）大数据思维：小企业也要有大数据，你的用户不是一类人而是每个人。

（8）平台思维：打造多方共赢的生态圈，善用现有平台，让企业成为员工的平台。

（9）跨界思维：挟用户以令诸侯，用互联网思维大胆颠覆、创新。

营销 1.0 时代，我们从传统的 4P 开始营销，这个阶段讲究的是“用户满意”；营销 2.0 时代，企业开始触网、电商大行其道，讲究的是“用户体验”；而营销 3.0 时代，已经进入移动互联网时代和全营销时代，这个阶段追求的是“用户口碑”。

（三）互联网思路

有的企业认为，现在传统渠道的销售额还很大，互联网会对传统渠道形成很大冲击，造成渠道冲突，故在推进电子商务的时候畏首畏尾，放不开手脚。怕传统渠道受到冲击，但又想做电子商务，非常纠结，最后折中的做法只能开发不同的产品，或者用不同品牌做两项业务，也就是线上、线下有区别，但这种区别就是线上和线下两张皮。

这是好方法吗？我可以肯定地说：“不是好方法。”

很多人认为线上一定要比线下价格便宜，几年前是这样，现在不会了。因为线下要做的事情线上也一定要做，如线上也需要设计、开发产品，也需要售前咨询、仓储、发货、售后服务等，每天还得有人守在计算机旁，价格怎么能便宜呢？营销 3.0 时代，线上、线下不是比较价格，最多只能理解为线上有长尾效应，可以用来清理过季或者有瑕疵的产品。

互联网或移动互联网时代一定要做到线下做不到的事情，比如，面对全国市场和消费者，可以在某个时候开展精准活动，引爆消费；还可以将线下很难销售的产品，通过长尾效应销售出去。

要做互联网、做大互联网，一定不能用不同的品牌做，品牌要统一，最好做成线上和线下同价，虽然短期内线上没有大的优势，但最终会获得大的发展，很少见到针对每个区域市场或某个渠道单独开发产品能做大销量的企业。

（四）线上、线下如何结合

马云和王健林的 1 亿元赌局永远没有最后的赢家，因为那时线上和线下已经融为一体——不可能有完全的线下，也不可能有完全的线上。

食品饮料企业线下渠道和营销已经非常完善了，对成熟产品向线上和移动互联网发展是非常好的机会。消费者可以通过批量采购包装食品和饮料，而冷冻食品、配送要求较高的食品，很难一步到位，可以通过 O2O 模式解决。

一些小品类速冻食品，消费者购买的频率不高，因为购买量少、保质期短，卖场和社区店进货不多，这类产品的销售和推广会受到影响。传统的销售方法效果很差，如果采用网上或手机预订，再加上厂家和社区店合作，由社区店按订单进货和配送，就可以取得好的效果。既解决了厂家的配送半径问题，又解决了商场库存和保质期问题。厂家和商家唯一要做的就是让消费者看到、知道并下订单，可以在微信上也可以在电子商务平台上下订单。

二、饮料巨头的战略“近视症”

（一）巨头也有“失误”的时候

在繁华的步行街中心地段，看到以前吸引眼球的巨幅广告画面在一夜之间变成了蓝底的“无糖刺激，极度无忌”的百事可乐新产品广告。在黄昏灯光的映衬下，这幅广告是那么的有“震撼力”，这样的广告在其他建筑物、路口、公交站台比比皆是。

我不禁感叹：国际大品牌的确有实力和魄力，这要花多少银子！这让我想起某个夏天可口可乐“零度”上市的情况。“零度”上市并没有百事这么大的气势，但户外和电视广告的力度也不小，我也去超市买了一罐，不知道是因为习惯问题还是自己“年龄太大”的原因，我喝了几口就不想喝了，虽然那天天很热，但我没有继续喝，我不能接受“零度”的口感。

其实，大陆地区消费者不认可其口感的比例很高，网上也有低价转让进货的帖子，几年下来，“零度”不温不火，很多卖场的销量不太好，而且可口可乐对这个产品的诠释和推广也落入一般化的模式，除了上市初期针对年轻人的宣传外，再也没有专门的推广活动了。

（二）巨头的营销“紊乱”症

百事可乐的“极度”，从营销的角度来说，传播做得“很美”；产品基础上，做好了一半，这一半是“包装”，而另一半是产品本身。说实话，我对产品口味不敢认同。

为什么说“极度”患上了营销“紊乱”症？百事可乐把一个好“包装”，用“精准”的传播方法向年轻人“营销”了一把，实际上，消费者最后感觉不到产品本身的利益，有点舍本逐末的味道。最终，营销之后，消费者不能与“无糖、刺激”的概念产生共鸣，最终让营销的概念落空。

看来，百事可乐和可口可乐也脱离营销的“本质”了。

大概因为百事可乐认为可口可乐“口味测试”是一次失败，现在认为“口味”不重要，但事实上，这有可能犯错误。可乐作为一个品类可能在“口味”上差不多，也许消费者感知不灵敏，但可乐打出无糖口味后，口味似乎真的变了，没有那种刺激的“爽”劲，这时，消费者的感知是灵敏的。

在产品包装上，百事可乐“极度”可谓赚足了人气，比起“零度”，“极度”对消费者的吸引力强很多，单从首次购买上看，“极度”不存在任何问题。我看到广告后也去买了一瓶，从口感上不能接受，最明显的感觉是不像广告里说的，无糖、刺激，比起原味的百事可乐，“极度”一点也不刺激，味道也怪怪的。

在消费者方面，可以定位80后，但不将90后纳入这个消费群体，浪费了一支“非主流”的前卫广告。80后希望“解放”“减压”是对的，但 90 后更喜欢“刺激”“无忌”。从长远来看，90 后是未来主要的目标消费群体。

可口可乐花大力气推广“零度”效果甚微，原因何在？百事可乐跟随其后花更大的力气拓展这个市场的依据是什么？其一，百事可乐是年轻一代的选择，符合目标客户的心理；其二，从长远来看，无糖是发展方向。但我认为，无论是哪个原因，“极度”的销量都不会太高。80 后关注健康，如果口感差异较大，和原有的消费体验不符，一样很难被接受。

在传播方面，百事可乐广告片制作精良，地铁站的防护栏上都是巨大的很有冲击力的广告。

在推广方面，北京百事可乐饮料有限公司在北京著名时尚新地标三里屯 VILLAGE 隆重举办了主题为“极度新主张，无忌你自己”百事“极度”新接触暨新产品上市新闻发布会。

从整个营销环节看，百事可乐延续了“高举高打”的一贯作风，大力度的媒体广告和户外宣传，加上消费者促销和体验活动，想不让人知道都难。但这样做，“极度”会卖火吗？也不一定。

第一，产品本身和宣传核心利益点不一致。无糖、刺激的产品核心利益，喝了之后，基本很难体验到，这就给消费者后续重复购买造成了一定影响。

第二，消费群体，圈定 80 后，有待考证。我认为，90 后才是核心群体，90 后对新事物的接受程度，对“极度”的生活态度的认可等，都比 80 后易于改变和接受。

第三，看清“零度”销售不佳的原因，一味“高举高打”在当今渠道、消费者日趋理性的情况下很难收获“立竿见影”的效果。

第四，做任何事情，如果你什么都想要，你可能会得到很少或得到很差的东西。

有“舍”才有“得”。产品的口味和宣传的核心——刺激，百事可乐“极度”似乎“近视”了；在无糖的卖点上，在追求长远的健康方向上，“极度”又“远视”了。

“极度”为什么要“无糖”、要“刺激”，还要“年轻”，就是因为年轻、健康、刺激才是未来之选。但回到营销上，要么执行不了，要么没有共鸣。

三、中国“第一罐”的营销战略紊乱

从 2011 年开始，中国凉茶行业经历了商标战、渠道战、广告战、配方战，但凉茶“两强”还是在一片“硝烟”和疑惑声中高歌猛进。看看数据：加多宝从 120 亿元迅速攀升到约 200 亿元；王老吉（红罐加绿盒）也有约 40 亿元的销售额，此时，加多宝和王老吉都不约而同地表示自己是最正宗的凉茶，而且表示要做大、做强凉茶品牌，广药表示要超越“两乐”……

资料显示，加多宝 2013 年的广告及宣传预算是 30 亿元，而广药王老吉宣称自己的广告及宣传预算是 20 亿元。不知道大家看了这个数据有何反应？加多宝 2012 年的销售额约 200 亿元，30 亿元的广告预算，占比 15%，虽然有点高（宝洁 11% 左右），但还能接受；王老吉约 40 亿元的销售额，广告预算 20 亿元，占比 50%，则让人难以理解。

为什么要给出这些数据呢？我们需要弄清楚饮料等快消品行业的制胜因素是什么？在品牌、产品差异不大的情况下，我们还需要解决什么问题？王老吉与加多宝比广告投放，无疑会让自己陷入万劫不复之地，当然，加多宝的营销战略也不是没有问题，只是王老吉更迷茫，一再错失良机。

（一）战略关键要素

1. 渠道质量和控制力

中国快消品市场，要保证产品的分销效率和生命力，渠道往往是制胜的要素，而且是首要的决定因素。渠道质量不仅指渠道成员的资金实力，还指渠道成员的网络与目前市场结构、层级、需求的匹配性，最重要的是渠道的分销效率，做到最高层次是对渠道有足够的控制力，如娃哈哈模式、加多宝模式和康师傅模式。这三种经典的渠道模式，成就了三个顶尖的品牌。

2. 有针对性的营销策略

营销的本质是管理需求，讲究系统和规范，但要对一个顶尖品牌发起攻击，有时候需要找到关键点、找到突破点，否则，凭什么和大企业竞争呢？营销学来源于实践，史玉柱在他的新书《史玉柱自述：我的营销心得》中说："很多营销理论需要经过实践的检验，有对的，但也有不对的。"之所以说王老吉没有营销战略，就是因为很多次机会在眼前却没有把握住，只是跟随。

其实，从 2013 年开始，一直看不懂凉茶"两强"的营销战略。广药在迷失，可以理解，毕竟人家刚刚抢回了商标，还沉浸在巨大的

"惊喜"中。另外，王老吉这个响亮的牌子，这么大的盘子，到底要怎么玩？广药未必想好了。加多宝的四处出击则让我们大呼意外，加多宝的营销战略出现偏差，核心是广告策略的迷失。

初步估计，加多宝 2013 年重金投入广告及宣传费用达 30 亿元，如此重金砸入央视和各地方卫视实属罕见。打开电视，加多宝的广告几乎无孔不入，不同阶段、不同版本——改名篇、销量篇、配方篇等。

（二）战略升级：是时候改变和升级"怕上火，喝加多宝"的广告语了

一直以来，"预防上火"被誉为是王老吉在凉茶市场所向披靡的首要也是唯一因素，其实不然。将凉茶作为饮料卖，才是首要因素。另外，渠道模式、掌控终端也是非常重要的因素。既然产品的卖点已经深入人心，是时候要升级到更高的境界了。比如，节日期间经常宣传的吉祥、吉庆的概念，从单纯的卖点上升到了情感的角度，更加符合消费者的心理状态。现在有多少人为了"预防上火"而买王老吉和加多宝凉茶？

（三）战略目标：营销目标决定预算

任何战略、执行，首要的是确定目标。否则，战略就是空洞的，执行也只会流于形式。加多宝的目标显然比王老吉现实，也更有操作性，2012 年，加多宝丧失了王老吉商标权，当时的形势显然对加多宝不利，原来销售额已达 120 亿元，受此影响，加多宝将 2012 年的销售目标降低为 90 亿元。但经过凉茶大战后，2012 年，加多宝的销售额不但没有

跌到 90 亿元，反而大幅上升，完成了约 200 亿元的销售额，令人诧异。

其实，2010 年之后，王老吉销售增长已经遇到诸多瓶颈，危机已经出现了。但没人想到加多宝和王老吉大战之后，市场得到了极大扩展，也教育了消费者。所以，有竞争未必是坏事，对营销来说，炒作的最好方式就是互掐。

反观广药王老吉，坐在家里做规划：2012 年的目标为 60 亿元，实际完成约 40 亿元；2013 年的目为标 100 亿元；5 年内的目标为 300 亿元；2020 年的目标为 600 亿元……营销目标的制定一定是理性的、科学的、有据可循的、有支撑的，也是有分解和保障的，否则，只能成为纸上谈兵的笑柄。

王老吉必须弄清楚区域销售分解：一是需要做透哪些市场，怎么分类？需要多少渠道分销、覆盖多少终端？二是分解到具体的品项，各品项要完成多少销售额？三是用什么样的策略完成销售任务？四是要做哪些推广活动？五是团队和激励措施如何？

（四）战略聚焦：广告及宣传策略迷失

失去商标权后，加多宝前期的广告宣传（品牌转换阶段），以较低的成本获得了很高的回报——赞助《中国好声音》，一夜之间便让国人知道了加多宝这个凉茶品牌，成功实现了品牌转换。从此，加多宝陷入了广告投放大战，如赞助 2013 年《中国好声音》2 亿元，在央视、卫视大量投放广告，只要打开电视，就可以看到加多宝各种版本的广告。

如果说改名篇广告让加多宝品牌实现了“硬着陆”，加多宝后期广告基本还是这个路子，迷失在品牌转换之中，如 10 罐凉茶 7 罐加多宝，实际上，品牌转换阶段过去很久了，而在终端的表现，则与广告传播表现不一致。

加多宝应该调整目前的战略，要不断强化正宗的地位，包括配方，要建立凉茶就是加多宝的联系；营销上也不要一味地说卖得好，消费者能看到，要保持长远的发展，需要名正言顺，也需要打造控制力更强的网络和团队。

15% 左右的广告宣传费用（仅仅是广告、媒体赞助）很高了，但产品广告对形象的塑造和提升效果很小。一要改变纯产品广告传播，从品牌内涵开始建立正宗凉茶的概念，要系统、要深入。二要除了用广告影响消费者外，渠道、终端、团队的力量也是重中之重。

（五）战略突破：王老吉的营销突破策略是什么

王老吉如果一味地跟着加多宝走，几无胜算。道理很简单，从软、硬件来看，加多宝的销量、利润、渠道、终端、团队等都比王老吉好得多，简单地进行广告投放就能拼过加多宝是不可能的。

王老吉的突破策略是，先把重点区域市场做好、做扎实，王老吉不缺知名度、甚至不缺消费者，缺的是渠道、团队和核心市场。有品牌知名度、有消费者，王老吉就不怕加多宝，可以一个一个市场做。集中优势兵力，一个一个终端地争，让对手顾此失彼，用深度分销、区域滚动复制，取得市场领先地位，一样可以实现区域重点市场的突破。

王老吉可以让加多宝去做广告，广告越多，凉茶市场越大，王老吉凉茶也会卖得越多。我有一个猜想：只要策略得当，王老吉和加多宝将是这个行业的两家领军企业，其他企业很难超越。

（六）战略系统：加多宝不能一味地“烧钱”

加多宝的广告投放已经到了疯狂的地步，只要打开电视就可以看到加多宝的广告。我们知道，加多宝丧失了王老吉品牌授权后，确实面临了很多难题，但前期的品牌转换完成得很好，打了几个漂亮仗，但后期的思路似乎就不清晰了，一直在变、飘摇不定。

我一直认为，加多宝的成功并不是定位和品牌的成功，而是渠道和终端的成功。当然，渠道、终端的战略、策略、模式也会因势、因时而变，品牌提升、系统升级将是加多宝打赢下一仗或保持长期优势和生命力的两个重要方面。

四、品牌战略及品牌化运营的缺失

中国啤酒行业最缺什么？大家心中有很多种答案，归纳起来就是两个观点：一是资本运作，二是终端营销。但真正起核心作用的因素却被行业忽略了，这个核心因素就是品牌。

可能大家都很诧异，难道三大啤酒巨头还不懂做品牌？每年的线上传播、地面推广，都是为品牌服务的。实际情况是这样吗？三大啤酒巨头——华润雪花啤酒、青岛啤酒、燕京啤酒，给消费者留下的品牌形象是什么？它们有什么不同？它们的品牌传递给消费者的感知又是什么？说到这里，三大啤酒巨头的品牌观念没有跳出“资本”和“终端”的操作方法。某啤酒巨头高层说：“不就是卖几瓶酒嘛。”言下之意，小企业哪能和我们的资本比呢？我们不会和你们抢一城一池，我们是

“整锅端”。中小企业、二线品牌和区域品牌没有那么强的资本实力，只能在终端上进行深度分销和精细化营销，打造区域“地头蛇”品牌。

啤酒品牌同质化严重，所以大家都在说差异化，到底什么是差异化，怎样才能形成差异化？

产品差异化、产地差异化、文化差异化，什么都要差异化，从消费者的心理来说，最后都会归结为品牌差异化。因为消费者对产品、企业、文化的感知，从消费者心智资源来看，最后就是获得相关联系和承诺。

资本可以解决生产、生产线和资金问题，也可以“解决”一些中小竞争者，将其纳入麾下，但资本不能“解决”比自己更强的对手，更不能让资本“说话”，塑造出一个对消费者有号召力的品牌。也就是说，资本在解决硬件和某些软件上没有问题，但在与消费者建立关系方面，资本运作是做不到的。

正因为这样，我们看到一些区域发展良好的啤酒品牌无奈之下屈从了资本，在做强与做大的博弈中，“大”暂时战胜了“强”；另外一些区域品牌采用“速度抗击规模”，运用深度分销、精细化营销、根据地策略与巨头竞争，偶尔也诞生了一些“可歌可泣”的事件。而巨头之间，更是从短兵相接直接上升到贴身肉搏，旺季为了促销地盘和终端推广，甚至发生了流血冲突事件。

资本的向上拉动和终端的向下延伸，将啤酒品牌撕裂，使啤酒品牌在激烈的竞争态势中“裸奔”。这时，市场部门和销售部门的认识“意外”统一了：还谈什么品牌，我们要的是销量、是规模。这也就难怪在北方的某些市场，一瓶啤酒的利润只有 1 分钱，卖酒还不如卖水。

啤酒行业的竞争白热化由来已久，是中国市场化程度很高的行业。可能是竞争过度了，就走了两个极端：一是多快好省，直接让资本"说话"——收购和兼并；二是为了眼前的市场份额，抗击竞争、保护销量，在每年的促销、终端争夺上挖空心思、绞尽脑汁。而对于真正能起作用的、基于消费者心智资源的品牌，考虑甚少。客观上造成了品牌战略、规划、塑造和执行等核心资源被资本和终端边缘化了。

我们来看看青岛啤酒的品牌和战略。

青岛啤酒在品牌战略上做得相对较好，其企业战略也是围绕着品牌战略展开的。青岛啤酒一贯坚持的战略是，以品牌为依托，以资本运作为核心，高起点发展，低成本扩张。青岛啤酒的战略与青岛啤酒的品牌紧紧地联系在一起。

其品牌定位是，激情成就梦想。尽管很多专业人士不认同，认为打激情牌、进行体育营销与品牌不符，因为体育运动和喝酒有矛盾的地方。我认为，激情、梦想并不是涵盖体育的概念，激情、梦想和普通人的生活也是联系在一起的，体育营销只是其中的一部分。因此，并不是矛盾和不兼容。从另一个角度说，定位出来以后，还要进行系统的传播和价值传递，否则，再好的定位，也仅仅停留在文案上，不能落实。但也不是说，青岛啤酒品牌塑造策略就没有问题了，青岛啤酒作为中国最有影响力的啤酒品牌，在国际市场上也享有盛誉。可惜，青岛啤酒并没有将其发扬光大，而是在顺其自然。与其挖空心思找一个新的消费者心智资源，还不如一句"享誉世界的中国啤酒"的广告语实在，更能打动人心。

另外两个巨头的战略很难用几句话概括，华润雪花是"蘑菇战略”，但我认为这是战术。雪花啤酒品牌与青岛啤酒、燕京啤酒相比，有什么特色和优势，其品牌差异化价值体现在哪里？消费者如何选择？这些都是不清晰的。燕京啤酒的战略是什么？“做强、做大”太模糊了，不能算战略，只能算口号。品牌战略并不复杂，就是将你的价值传递给消费者，而要最大化地传递，就必须有一个载体与消费者产生联系，这个联系的载体就是品牌。

燕京旗下的漓泉啤酒——有着得天独厚的地理环境和国际知名度的原产地啤酒，很少用漓江作为主要载体进行品牌塑造。

品牌塑造总体上不系统，没有继承和进化。深圳的金威啤酒，有挑战行业潜规则的勇气固然可嘉，但不够睿智，不但没有得到消费者的奖赏，还被行业孤立，陷入亏损的泥潭。其实，金威啤酒完全不用那么激进，其品牌定位为深圳人自己的啤酒，“老朋友，回家的感觉”又有什么不好呢？原来很多消费者刚来深圳就选择金威啤酒，但由于没有价值支撑和鲜明的形象定位，消费者流失很快。在很多场合，就算有促销员推荐，很多消费者也不愿意喝金威啤酒了，这是我亲眼所见。

只顾资本运作和终端营销，忽略最根本和最关键的品牌战略规划及管控，销售力也是短期的、脆弱的。当中国啤酒品牌被资本和终端架空的时候，我们的啤酒企业和啤酒行业就相当危险了——国外巨头虎视眈眈、国际市场的诱惑，企业何去何从？啤酒企业是时候也必须将战略回归品牌了。

五、功能饮料路在何方

“喝启力，抗疲劳！启力，正宗保健饮品！”这是各大电视媒体上出现的娃哈哈集团启力功能饮料的广告，预示着娃哈哈集团将大规模、正式进军保健功能饮料市场。功能饮料市场历来竞争激烈，并不像媒体说的“不那么激烈”。表面看不激烈的原因是，大多数的功能饮料，特别是保健功能饮料很难长久地存活下去，久而久之，大家就认为这个市场的竞争者并不多、竞争不激烈。

这似乎说明了一个规律，功能饮料市场非常难做，尤其是保健功能饮料市场。

运动功能饮料如养生堂的尖叫、娃哈哈的激活等，基本上没有形成市场规模和良好的销售势头，唯一有影响力的是达能的脉动。可以看出，运动功能饮料也不好做。保健功能饮料更难做，除了红牛一枝独秀、力保健可以分一杯羹外，其他品牌没有成功的案例或成功的迹象。

娃哈哈推出牛磺酸维生素饮品启力，戴上“保健食品”的帽子，在“缓解体力疲劳”之外又增加了“增强免疫力”功能，意图非常明显，就是要以更全面的、更强大的功能挑战红牛。娃哈哈在产品上力求与红牛差异化，但保健功能饮料产品的差异化很难打动目标消费者。

在这个市场上，不挑战红牛就不用做了（红牛几乎占据了全部市场），正面挑战红牛，胜算又在哪呢？难道仅仅是增加了“增强免疫力”这样的保健功能就行了？

（一）保健功能饮料的营销规律

功能饮料的营销规律和普通饮料有许多不同之处，尤其是保健功能饮料，本质上差异很大。普通的饮料，如可乐、水、果汁等，基本是渠道制胜，而功能饮料除了对渠道有严格要求外，消费者的消费心理、品牌联想等也很重要，最重要的还是产品要有特点。

普通的饮料，提供的价值是便利、解渴等，这是核心需求，消费者将其作为必需品，所以，渠道是最重要的因素，其次才是品牌、价格、包装等。很少有消费者为了买一瓶水，专门跑到某个超市或者某个终端。而功能饮料除了要求一定的便利性外，还要考虑核心价值，即能够带来什么核心利益。

保健功能饮料围绕目标消费者的核心需求才能走向成功，红牛也是走这条路。从提高免疫力的角度看，产品价值点普通很难让人信服。

（二）娃哈哈渠道优势不能“给力”

娃哈哈的渠道优势造就了其每年数百亿元的销售额，对快消品来说，这是深谙中国市场的致命武器——渠道制胜。但在功能饮料市场上，娃哈哈鲜有成功的案例，就算是 HELLO C 取得了一点业绩，也是花了巨大的代价的，而且 HELLO C 作为一个时尚产品，也是一个短线产品。

娃哈哈的渠道不能“给力”，这与功能饮料的营销规律有关。想凭借覆盖渠道带动销量已经很难了，保健功能饮料，在产品层面一定要给目标消费者带来价值，再结合品牌的塑造和差异化，方能与红牛抗争。

（三）正宗保健饮料的定位缺乏说服力

启力定位为“正宗保健饮料”，我认为，生硬地宣称自己“正宗”，除了贴了一个标签外，消费者不会有好感。

如果有了一定的市场基础和规模，有了一定的品牌资产，然后才说自己是正宗的、保健型、“增强免疫力”的功能饮料的开创者，那样才能让人心服口服，才能起到宣传作用。

（四）民族牌不会事事奏效

在新闻稿或软文中，我们经常看到娃哈哈大打民族牌，利用“国产、民族品牌抗击国外品牌”的字眼获取支持。当然，我们都希望自己国家的品牌越做越大、越做越强。随着市场的发展，我们需要更加国际化的视野，对品牌尤其是功能饮料品牌进行专业化塑造。

产品是基础，但需要升华到品牌的层面，消除消费者的不信任和忧虑。

民族牌，在与国外的品牌和公司发生摩擦的时候，可能会对舆论产生影响，但这次启力是挑战者、是发起攻击者，民族牌作用甚微。

（五）启力如何才能“给力”

首先，要在品牌塑造上下功夫，尽管要说清楚产品，但不能局限于说产品。启力的产品介绍：D－氨基葡萄糖盐酸盐、肌醇、B族维生素群等七大营养群。“七大营养群是我们经多年研究、不断改进得出的配方。”娃哈哈有关负责人这样介绍。产品功能：现代人压力大，大多数人处于亚健康状态，而目前饮料领域中的保健食品功效一般是“缓解体力疲劳”，强调提神。启力除了“缓解体力疲劳”外，还能“增强免疫力”且不含防腐剂，提神不伤身。

其次，产品能带来什么？介绍了那么多功能，就要明确哪些人需要这个产品，他们要在什么状况下饮用。红牛从“困了、累了，喝红牛”

到“有能量，无限量”不断地从产品升华到品牌，与消费者充分沟通。启力也一样，需要从产品到品牌充分沟通，找到能打动人的推广语。

最后，合适的推广策略。中国梦想秀是不是最好的方式，就要看启力的目标消费者、启力的核心价值是什么？怎么诠释这个核心价值？弄清楚这些才知道用什么策划表达这个价值。红牛的路线也是从各种需要补充能量的人群入手，推出体育、运动的广告。启力要不要用这一招，或者从哪个群体入手，需要经过周密的市场调研和市场分析。

结语：

在功能饮料市场，成功的后来者很少，尤其是保健功能饮料。启力要想从红牛身上分一杯羹，一定要做到差异化，与众不同，但仅仅是产品的差异化——增加了一项“增强免疫力”功能是不够的。其一，“增强免疫力”这样的保健功能太普通了；其二，保健饮料新产品上市，怎么解决消费者信任问题。

在品牌上需要比在产品上花更多的精力，包括品牌定位、目标消费者沟通和推广，这比产品更重要。因为这不是普通的饮料，这是保健功能饮料。

渠道是娃哈哈的强项，但在一二线城市，如华南地区的一二线市场，娃哈哈的渠道优势并不明显。功能饮料的渠道也有一定的差异，连锁便利店、商业办公区域的终端、夜场等将是主攻的终端。

总之，启力要找到与红牛抗衡的差异点，这是启力站稳脚跟的基础。这个差异点可以是物质的，也可以是精神的或文化的，至于能不能对红牛造成影响、造成多大的影响，就要看启力的资本优势、品牌形象、渠道和团队的综合竞争力了。

六、饮料行业瓶装化浪潮及隐忧

从罐装到瓶装，就是包装形式不同，看似简单，实则考验市场和营销智慧。营养快线一年卖100多亿元，许多人不敢相信。营养快线的成功刺激了广大的乳制品企业，同时也深深地打动了饮料行业，大家纷纷走向并制造了瓶装化浪潮！

和其正在一线城市的外围、二三线市场取得了巨大成功，二三线市场卖断货已是家常便饭，逼得王老吉也推出了一个瓶装产品。各种罐装产品都不约而同地推出了瓶装产品：一是看到了不同包装的市场机会；二是基于市场竞争的需要，比如，王老吉、红牛肯定不愿意主动推出瓶装产品，谁愿意舍弃高毛利、降低盈利能力呢？

但不可否认，瓶装一定是大众化消费的趋势。

（一）为什么要瓶装

便于携带、方便保存、实惠。罐装饮料买了就要喝完，喝不完也带不走，且罐装产品往往是310～350ml，而主流的瓶装饮料为450～600ml，可见，实惠是一个刺激点。

瓶装产品比罐装产品更主流，价格也有优势，更能获得消费者的青睐。自从康师傅将巨大的品牌力量结合“再来一瓶”的消费者活动，彻底将瓶装饮料上升至饮料上市营销标准的高度——开盖有奖，使得许多瓶装饮料想通过这种方法获得销量。实际上，这种方法因情况而定，没有品牌力和知名度的企业，开盖有奖又如何？从现在来看，“再来一瓶”活动的效果越来越差，一是消费者麻木了；二是真正的中奖率有多高，能兑到奖吗；三是大家都做，效果自然差了。

王老吉、红牛等企业不想让竞品抢了自己的市场，瓶装化浪潮实在是太厉害了，王老吉和红牛不得不重视和跟进。看看和其正凉茶，2009 年还亏了 8000 万元，但 2010 年开始大幅度上量和盈利，用 3 年时间便做到了数十亿的销售额，实在是让其他凉茶产品汗颜，也让经销商大感意外。从市场局面看，也威胁了王老吉的地位，而且和其正采用二三线城市包围一线城市的策略。如果有一天，大家都接受了瓶装产品，罐装产品怎么办，还不如开发一个瓶装产品抵御竞争。王老吉推出瓶装产品，就现在的情况看并不乐观。其一，策略很难定，到底做哪些城市、城市的中心还是外围，都是问题。如果按照 4. 5 元/瓶的零售价做城市外围的小店，比起零售价 3. 5 元/瓶、600ml 的和其正，没有任何优势。如果做城市中心市场就等于自己打自己，所以定位和推广都很难。

（二）瓶装化的隐忧

营养快线在终端的主流价格是 4 元，益优特却卖到 7 元，凭什么？包装上，益优特和营养快线相似，在终端很难有亮点和差异化，也就是产品静销力上没有任何优势。动销上，益优特以卖场为主、小店为辅，显然和产品特性不吻合，应该以便利店、商业区小店为主，卖场为辅。在推广上，益优特的卖点摇摆不定，四重营养——到底是饮料还是牛奶？

注意趋势很重要。康师傅的酸枣汁、酸梅汤已经风光不再，花大力气推广的九龙斋酸梅汤也是一样的结果，在一阵潮流趋势下快速走向没落。

（三）瓶装化策略

策略一：产品静销力符合趋势。不要做小众产品，饮料一定要大众化，一定要解决吸引力的问题，产品放在终端必须吸引消费者的目光。

策略二：二三线市场和一线城市的外围。总想做中心城市并不一定是对的，二三线城市或一线城市的外围，往往是中小企业饮料新产品上市的市场引爆点。

策略三：卖场为辅，小店为主，渠道精耕。

七、2014 年，高端水谁主沉浮

高端水市场的机会来了！饮用水市场消费升级的时机已到！

雷军说："到了 40 岁的时候才明白很多道理，知道了什么叫顺势而为。"我想，对中国高端饮用水企业来说，这样的"势"已然到来。2014 年，高端水大战的元年，饮用水市场涌现了恒大冰泉、娃哈哈富氧水、怡宝加林山等品牌大腕，它们能激活高端水市场吗？能快速获取销量并带动饮用水升级吗？谁将从长期不温不火的高端水市场中脱颖而出、快速崛起呢？

（一）观大势

随着生活水平的提高，消费者更关注饮用水的质量和自身健康，矿泉水更加符合饮水健康标准。不论是低端水还是高端水，矿泉水一直不温不火，以高端矿泉水自居的昆仑山花费了大量的时间、精力、资金宣传饮用水升级的概念，但收效甚微。

我们需要界定一下高端水的概念，一般来说，每瓶零售价在4元左右的水就是高端水。

我们一定要关注趋势，而且高端水趋势总会到来的。但这种“大势”一定需要一种力量推动，才能完成落地。

据资料显示，2012年，中国高端水市场份额大概为30亿元，预计2016年将达到150亿元。如果从现在的形势判断，2016年的数据可能会翻番。恒大冰泉预测，2016年销售额会达到300亿元。不管恒大冰泉能不能实现，但行业高端水可能会实现。

如果销售额真能达到300亿元，我认为，恒大冰泉功不可没。因为它激活了高端水市场，让消费者接受了水升级的概念，教育消费者着实不易，改变消费习惯更难。

（二）察消费

为什么矿泉水市场长期不温不火？我认为，主要有三个原因。

第一，消费习惯问题，都是无色无味的水，消费者普遍不知道或者感知不到纯净水和矿泉水的区别。

第二，长期以来，普通矿泉水和纯净水的价格差不多，没有价格差异、没有形成区隔，消费者不敏感。

第三，以昆仑山为代表的矿泉水在高端水市场高高在上，不接地气，绝大多数消费者不能接受。

在高端瓶装水市场，昆仑山其实做了很多有益的推广，但见效太慢，虽然其一度占有40%以上的高端水市场份额，但总量非常少，不过区区数亿元的销售额，不足以实现其倡导的“饮用水升级”的宏伟目标。

现在，时机已经到来了，恒大冰泉的广告攻势拉开了高端饮用水营销大战的序幕，而这场高端水大战将娃哈哈富氧水、怡宝加林山矿泉水等也拉进来。对行业来说，客观上是一次绝好的做大高端水蛋糕的机会，而且恒大冰泉在春节前20多天砸下了10多亿元的广告费，消费者的教育工作已经完成了大半。此时，这些大佬们该考虑怎么做才能转“势能”为“动能”，将大势化为市场和销量?

（三）卡价位

恒大冰泉的终端价格设计还是值得称道的。至少，比较精确地卡住了每瓶4元左右的价位，这个价位是消费者能够接受也适合大多数终端销售的价格。

其实，中国高端水市场的运作，陷入了依云的“类奢侈品”的误区中。以330~350ml小瓶装产品为例，终端零售价：依云11元左右、昆仑山4.8元左右、5100冰川水8元左右。我们可以看出，就现阶段来说，要想在零售价每瓶5元以上的市场取得较大的占有率和销量很难。毕竟，依云不是短期内学得了的。其他高端水，5100冰川水靠赠送，昆仑山4.8元的终端价靠大量线上广告和地面推广，才有了较好的销售形势。

恒大冰泉终端定价每瓶3.8元左右，高端产品，亲民价格，或许真是一个机会。

值得恒大冰泉注意的是，怡宝加林山矿泉水是现在或者将来的主要竞争对手。为什么不是娃哈哈、巴马矿泉（分属不同公司叫巴马矿泉，至少有三个品牌）、昆仑山、5100 冰川水呢？

第一，昆仑山、5100 冰川水不接地气，昆仑山一直致力于品牌建设，但水升级还达不到那个价位，5100 冰川水则利用动车推广，品牌上发力很少，基本可以不考虑。

第二，娃哈哈、巴马矿泉等概念性产品不具备优势。

第三，景田销量会增长，但本身销售没有本质改变，因为其产品价位和纯净水相当。

第四，如果怡宝加林山推出终端价 3～3.5 元/瓶的瓶装水，运作得当，同时，恒大冰泉 4 元左右的价位没有很好的市场表现，在高端水市场的氛围和消费风气已经形成的情况下，就会给怡宝加林山创造机会。既能形成高端水销售大势，又能以 3～3.5 元/瓶的价格在高端水市场站稳脚跟。

（四）定渠道

比如，从华南市场开始，要成功复制和延伸一个市场，选点做深、做透，而不是全面铺开。选择好市场后，需要选择渠道，从哪里开始突破呢？恒大冰泉的知名度没有问题，但消费者接受一个中高端产品是需要树立价值标杆的。渠道选择的策略：一是大型商超树立价值标杆，形成价值认知；二是连锁便利店因价格敏感度低，促成消费；三是旺区、旺点（商业区、优质社区终端）形成窗口示范效应带动消费；四是特通渠道，如电影院等娱乐休闲场起补充作用。

当然，瓶装水市场有起色后，还可以做企事业单位的瓶装水和桶装水，这是恒大地产的优势，直接进入商业和住宅楼盘。目前，恒大是全国市场 30 多个分公司全面开花，阵势吓人，效果有待观察。怡宝加林山深耕珠三角市场，做得更透。

综合来看，恒大冰泉培养中高端水消费习惯需要花更大的力气，除了全媒体广告外，还要找到提升价值的营销方式。做相对高端的消费品与做地产、投资的方式与思维是不一样的，消费品市场更精细、需要培育，恒大冰泉不应要求短期内在全国市场上量，区域深耕、积聚力量、积累经验、锻炼团队、沉淀价值、形成模式才是区域复制走向成功的基础和保证。另外，招人、建立 30 余个分公司不是最好的选择，聚焦区域市场和渠道，有步骤、有策略地开发市场，才是恒大冰泉成功的有效办法。

（五）精传播

广告运作的全覆盖只能起到告知作用，用这种方法的企业基本没有好结果，对品牌价值直接提升没有什么作用。更重要的是，高端水的消费心理和习惯靠广告轰炸能起到告知、刺激作用，提升知名度，但要购买，需要更深入的沟通，也需要一个合适的产品。

消费者在哪？健康饮用水有没有潜在需求，当然有！但什么时候才能激发他们的需求形成购买呢，可能需要很长的时间。现在最需要做的就是怎么包装出价值感，找到核心消费人群，并结合目前的新媒体实现精准传播，最终实现其价值的传递和目标消费者的购买。

主要有以下几个途径：

一是不论是品牌还是产品，最重要的是赋予全新的价值，塑造差异化的高端水形象。

二是聚焦区域市场做深、做透样板市场的多层次、立体化的传播。

三是有一定基础后，开展公关和促销活动，与企事业单位建立联系，如大型企业、工厂团购，建立团购渠道，起带动和示范作用，这种方式量大且稳定。

四是针对目标人群推广并持续进行，如利用微博开展公关、促销活动，用微信进行圈子互动，甚至可以用新媒体平台开展家庭饮用水消费计划等活动。

（六）看未来

恒大冰泉如果转变策略，掌握了一定的主动权甚至几年内可以将高端水市场做到数十亿元的规模（当然不可能3年内做到300亿元），但这些完全取决于接下来的策略和操作手法，如果还是“高举高打”，有可能被其他对手抢得先机。

运营昆仑山多年的加多宝此时又显得过于谨慎了，似乎没有做加多宝凉茶的霸气。这个时候不出手，不借助恒大冰泉造就的高端水“大势”，不趁着其他对手立足未稳、未成气候的时候下手，这样的机会一去不返。昆仑山做了多年，一直没有大突破，本来老品牌焕发生机的难度就很大，如果再等下去，很难有机会了。

娃哈哈的渠道优势在富氧水产品上发挥不了作用，因为娃哈哈三四线的渠道掌控力和富氧水要求的一二线城市的渠道支撑是错位的。

一个大胆的推测和猜想：如果华润怡宝将加林山矿泉水作为战略新

产品培育，先运作华南市场，精耕细作，将终端零售价格定为3.5元/瓶，集中优势兵力与恒大在华南市场短兵相接，鹿死谁手还真不好说。

如果怡宝加林山在华南取得优势，做成高端水，恒大冰泉十多亿的土豪广告投放真是为他人作嫁衣了。更不妙的是，若恒大冰泉在华南市场失去领导者地位，想用4元的终端价、3年做成300亿元的规模就不可能，最后估计连生存都很困难。

高端水市场的机遇和大势已经到来。

恒大冰泉唤醒并激活了高端水市场，恒大冰泉终端价格定位准确，从价位看，确实可以做到大部分高质量售点的覆盖，同时也能让高端水在“高端品牌”的属性上与普通水、普通矿泉水形成区隔。

在战略性价格卡位上，恒大冰泉已经有优势，而且能吸引很大一部分消费者购买。但我不敢苟同恒大冰泉高密度的广告覆盖、明星代言、全国推进的模式，如果4元的终端价效果不佳、销售不畅，没有形成销售规模，很有可能被怡宝加林山等抢得先机。

无论如何，2014年，高端水市场大战即将爆发，高端水市场战略机遇已经到来！

第六章

剖析行业经典案例

一、“不怕火”还是不怕死

在2012年成都春季糖酒会上，一款叫“不怕火”的凉茶在现场造出了不少声势。从主会场入口处的人海战术到场馆内的展示、互动，形式还是不错的。当看到一个蓝色青花瓷罐装产品和一个模仿红牛的黄色罐装产品时，我基本可以断定，产品未来不容乐观。为什么都要推出罐装产品呢?

“不怕火”凉茶在2010年3月就已经上市了，当时还出了芦荟等口味，2年后，并没有在市场上看到太多的产品，可见其运营还是比较“惨淡”的。

不仅仅是“不怕火”，糖酒会现场还有一个顺牌凉茶，打了4年广告，终端也没看到多少产品。相比之下，和其正可谓眼光独到，一句“瓶装更尽兴”，每年卷走了数十亿元的销售额……

“不怕火”凉茶是以仁和集团进行品牌背书的产品，运营商是稻盛仓投资（北京）有限公司，主要业务是运营酒水、饮料等快消品，母公司在香港。但是我不敢苟同青花瓷包装的产品，当然，酒水企业如红星二锅头、郎酒都出了青花瓷产品。也许，白酒出青花瓷产品还好理解，因为酒瓶用瓷瓶还是有关联的，如果是凉茶，似乎就没有凉茶的味道和影子了。

（一）流行成不了经典

过于流行就会很快消亡，一定成不了经典。借助流行的青花瓷元素，推出一些短线产品是可行的，如果着眼于未来，则很难有好结果。

2010 年上市的产品，在 2012 年的成都糖酒会上大力推广，显然已经错过了最好的时机，为什么不在 2010 年的糖酒会上大力推广呢？最致命的是，当大家都用青花瓷元素的时候，消费者没有新鲜感了，产品包装没有差异化，还会让人反感。

（二）青花瓷调性与凉茶不符

青花瓷作为凉茶的罐体，与凉茶无关。

第一，王老吉太强势，已经是罐装凉茶的化身，用蓝色的色调很难吸引消费者，这个差异不能打动消费者，更不能激起他们的购买欲望。

第二，都说红色是上火的表现，与“防上火”天然矛盾。实际上，红色和凉茶的颜色是吻合的，调性也一致。红色不是上火的表现，代表喜庆、好运。

看到青花瓷，想到的一定不是凉茶，甚至不是饮料，消费者哪来的购买欲望。蓝色是可以让人冷静、安静、清凉，天然调性就不是一个降火的饮料产品。调性不符，在和消费者沟通上会吃大亏，既然不会联想到饮料，这样的品牌自然很难为品牌塑造加分。

（三）推罐装产品真“不怕死”

纵观近几年的罐装凉茶，除了王老吉，基本没有成功的，王老吉成了罐装凉茶的代名词。想凭借蓝色的包装打败红罐王老吉，这是不可能的。

为什么出现这种情况呢？因为王老吉的消费者不仅有随机购买，还有很高的忠诚度，餐饮、聚会、夜场、家庭、外出等都会被指名购买，而新产品的罐装凉茶主要是随机购买……

按照销售规律，大多数产品如果能自然销售，说明已经过了上市期，但不利于携带，又有王老吉的强大压力，靠餐饮、特通渠道自然做不起来。饮料，最大的消费点应该是小店。

（四）产品口味也是一大问题

从配方和成分看，“不怕火”凉茶和传统凉茶不一样，没有夏枯草等。我在现场喝了一罐“不怕火”凉茶，感觉味道太淡，不像凉茶。如果将这款凉茶做得更时尚一点可能更好，但是选择传统包装，口味又不是传统的凉茶口味，让我百思不得其解。

其实，当时霸王为了突出凉茶的功效，药味很重，而王老吉很甜，不像药，正是因为从药转变为饮料销量才好的，现在为什么又要倒回去呢。

创新口味，就要有突破性的包装，而不是采用跟随策略。清酷绿凉茶的包装就不错，可惜诉求多变，失去了做大的好机会。

（五）目标市场选择错误

选择北方市场和西北市场明显是错的。表面看，北方市场竞争强度低，是王老吉的软肋，但仔细想想，为什么会是软肋呢？为什么王老吉不去做透这个市场呢？第一，消费习惯不同、不接受；第二，市场小，不成规模。

按照王老吉直控终端的做法，北方市场早就应该做透了，哪里还有什么软肋和薄弱环节。如果选择没人做的市场就是找到了突破口，那只能说这个突破口是假象、是陷阱，是不能达成销售目标的。

（六）为什么不选择瓶装

瓶装产品难做，罐装产品不是更难做？和其正并没有宣传自己和王老吉的不同之处，也没有说自己怎么能下火或者防上火，而是说尽兴、说实惠，但就是这样简单的诉求却成功了。这比那些发掘了无数卖点或心理属性的所谓的大策划，不知道高明多少倍。

看似是一个包装形式的改变，但里面包含的智慧和深意是一言难尽的。总的来说，这种方式是找准了消费者真实的、未被满足的需求，激发了市场的潜力。

特别是 2009 年以后，瓶装凉茶市场持续放量，“不怕火”凉茶在 2010 年推出瓶装凉茶，刚好赶上好时节，但却错过了机会。产品外包装是一种差异，包装形式也是，为什么不多做几个瓶装产品，也许还能分一杯羹，甚至还可以成为瓶装市场的老二。

（七）怎么找差异化

和其正并没有和凉茶始祖王老吉比较谁更能“防上火”，说实话，凉茶如果作为药来卖，肯定不可能有这个规模。如果作为饮料，消费者其实并不关心有没有“防上火”，而是关心口感。中国饮料行业得渠道者得天下，这就是为什么除了“两乐”之外，其他国外饮料品牌很难竞争过国内品牌的原因。可口可乐的 3A 原则也是渠道先行：买得到（Available）、买得乐（Acceptable）、买得起（Affordable），最好也坚持

3P 原则：无处不在（Pervasiveness）、心中首选（Preferece）、物有所值（Price to value）。

天天说差异，从物质、文化层面说到精神层面，可差异越来越不明显了。我去拜访一个客户，该客户的市场部门经理说："现在，感觉这个行业的品牌、产品已经没有差异了，都是一样的东西，怎么找?"

找还是要找的，要看怎么找？比如，物质、精神层面没有差异了，可以在行为层面找。海尔——真诚到永远，这是行为和情感的识别，也是塑造了一个有差异的国际化服务品牌形象。这个品牌差异比科技、文化、精神更能打动消费者。乐百氏的 27 层净化，从理性和科技角度宣传差异化；娃哈哈则用情感诉求——我的眼里只有你。现在，娃哈哈大获全胜。

本来，情感就是感性而非理性的。打动人的事物一定是基于人情、人性的事情而非理性的诉求和解释，这也是差异，这种差异的力量是理性的诉求难以达到的。

很多时候，在中国市场做饮料，一个定位不可能解决品牌的问题，就好像一个点子救不了一个企业一样。产品、渠道和动销永远是饮料行业最重要的三个环节。

二、晨光乳业营销全案解释

深圳晨光乳业，一个乳品区域品牌，矗立改革开放潮头 30 多年。凭借过硬的品质和 30 多年的牛奶供港历史，在"深港"两地，晨光乳业在本地人心目中有着极高的品质声誉和不可替代的地位。随着国内乳业巨头的攻城略地，晨光乳业受到很大影响，虽然在深圳市场还能挺得住，甚至冻品还是一枝独秀，但利乐产品基本失守，拳头产品很少。

晨光乳业高层也意识到了危机，开始，他们判断问题出在“人”的身上——团队问题，决定导入一系列的培训解决销售乏力和执行力的问题。但经过深入沟通后发现，不仅仅是执行力的问题，也不仅仅是团队的问题，而是整个营销管理、制度和体系都出了较大的问题，产品、定价、渠道、推广也有很多问题。

公司领导层的想法比较简单，无非是通过一系列的专题培训和训练，提升营销团队的整体素质，使销售人员具备一定的销售技能和管理技能。但推行下去后发现，事情没有那么简单。

一是营销团队的素质参差不齐，个体需求不一样，差异很大。

二是某些短期的培训只能起到改变观念和激发士气的作用，培训完了，回到市场又等于零了。

既然这样的短期培训效果差，公司决定从现场指导、帮扶开始，结合具体的营销活动，从营销行为入手，再到制度、流程和规范。这是对的，先告诉销售人员怎么做，然后手把手地教他，并将这些动作制度化、流程化，最后形成习惯。

在这里，我们暂时不考虑品牌对晨光乳业销售的影响，晨光人一直认为，晨光乳业的品牌力很强，判断依据是渠道和终端，因为消费者都能接受晨光乳业的产品。品牌问题不是急需解决的问题，但也不是品牌没有问题，晨光品牌有老化的趋势。

经过 20 多天的市场走访和调研，发现了很多问题。主要的问题是产品多而无竞争力，销售渠道参差不齐，价格高，价格体系混乱，无推广、无促销，销售团队有压力、无动力，卖场陈列无计划、无内容、无标准……

乳品行业已经处于完全竞争的市场状态，按照老一套方法做市场只会落后。作为一个有特点的区域品牌，晨光乳业完全有能力做好利乐产品。

第一，晨光乳业作为一个口碑好、质量领先的企业，是有生命力的。

第二，晨光乳业的产品不是没有消费者购买，而是不能让消费者便利购买、买得高兴。

第三，很多经销商不是不想做，而是不能做得更好。

晨光乳业显然要改变、而且一定要改变，但从什么地方开始改变呢？主要的策略思路如下：

销售策略：二级批发商驱动分销，带动终端销售。

管理革新：从粗放管理到渠道精耕。

推广革新：以 BC 店为核心的宣传和促销。

区域市场：从整体发展向以样板市场为中心带动其他区域市场转变。

人员考核问题：业绩导向，明确奖惩制度，注重科学合理。

现场帮扶：手把手现场示范，制定基本的标准，以指导销售人员的日常工作。

策略思考：营销管理问题（不能马上解决，是系统问题），产品线问题，营销组织薄弱，考核激励问题，宣传推广问题，分销渠道问题，终端问题。

为什么把终端问题放在最后？因为没有解决前面的问题，终端为王只能是一句空话。

执行顺序：如图 6－1 所示。

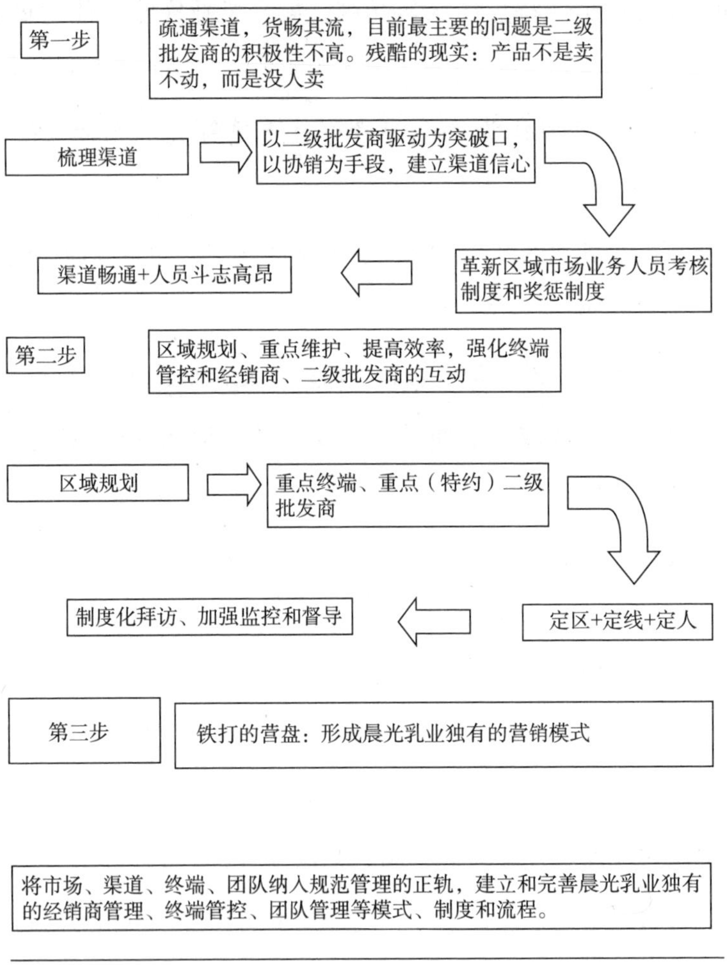

图 6－1　执行顺序

七招制胜：

第一招：找突破口。以驱动分销为突破口，推动市场提升和销售网

络优化。

将“驱动二级批发商分销”作为突破口。二级批发商网络瘫痪后，经销商无法将产品送达终端。驱动二级批发商，实际上就是解决了这个瓶颈，带动整个渠道分销，将产品覆盖到终端。

第二招：主抓 BC 店陈列和销售，树立形象。店内买赠，店外消费者试饮、赠饮，制定陈列标准和规范；明确工作计划、工作内容和工作标准；成立联合执行和指导小组，第一次是现场帮扶，第二次是检查和考核。

第三招：订货会激发分销渠道能量。制定活动方案：现场进货奖励一定要比不来现场订货的力度大。活动的流程分为外部流程和内部流程。外部流程是给参加订货会的客户看的，什么时间进场、什么时间表演什么节目等；内部流程是给所有执行活动的人看的，做到事事有人管，人人有事做。

还需要说明的是，方案在时间安排上一定要紧凑，不要安排互动游戏或耗费时间的活动，这样会让大家有充足的思考时间，反而不利于订货。时间安排要准确到分钟；晚上开订货会效果更好，一是大家晚上有时间，二是晚上气氛不同，更容易放得开，晚上 6 点签到、7 点开始、9 点半结束。

第四招：制定新的考核激励制度。调整主管、业务员、促销员等考核权重，使之更加科学。以前，销售人员考核基本上是考核销量，比重占 95% 以上，也就是说，销量完不成当月的 95% 就得不到奖金，这很不科学。95% 其实是不用设立的，那些只能完成 80% ~90% 的销售人员有什么动力去完成任务呢？反正这个月没有奖金了，干脆加到下个月一起完成算了。对基层业务员来说，50%以上的完成率是必须要做到的，这是销售人员的天职。我认为，50%及以下的完成率奖金为零无话可说，如果完成90%以上奖金也是零，那就没有任何激励作用了，只有负激励。将结果和过程结合起来考核，对完成50%以上销量的销售人员按照不同的权重分配奖金，而不是必须完成100%，完不成奖金就是零。

第五招：样板街建设。用样板带动区域销售，以点带面，形成销售气氛，锻炼团队。建立样板街和考核标准，主要指标为要求、标准、分阶段执行和评分表。

第六招：渠道精耕和二级批发商协销。当娃哈哈在掌控经销商的时候，康师傅在控制分销；当王老吉在掌控终端的时候，康师傅还是在控制分销，因为康师傅深知中国市场的分销特点。

驱动二级批发商分销以后，就必须马上加强重点终端的覆盖，否则，二级批发商分销的效率不高。因此，销售人员要制订渠道精耕的协销计划，帮助二级批发商出货，真正建立二批网络，实现产品大分销和大流通，做出晨光乳业区域市场的气势，先试点、后复制。

第七招：经销商培训和管理。经销商管理的基本功：一个核心和四大关键。

（1）一个核心：从生意出发

你对经销商有什么作用？

让他的生意不断发展，赚更多钱。你所做的一切都应该围绕这个核心进行。否则，做得再多，都是无用功。

长远目标和短期目标相结合。

产品要赚钱，这是最基本的。但不能天天算这个账，每个产品一定要赚钱可能很难做到，但总体一定是赚钱的。因为每个产品承担的地位和角色都不一样，有的是为了做量，有的是为了做形象，还有的可能仅仅为了起到渠道滑润作用。

长远来看，产品是为了维护好经销商的声誉、品牌和渠道关系，为将来的发展服务。

（2）四大关键

第一，会算账

算小账。

推销你的产品经销商赚钱吗？这个问题看似简单，实际上并非每个主管都能把握好。

算大账。

从投资回报率来看，而不仅仅看毛利。大品牌是有较大的销量，利润高的产品也确实让经销商看到量少利大，但实际上这可能是表面现象，我们可以用 ROI（投资回报率）来说明：

ROI（投资回报率）=年利润或年均利润/投资总额×100%

经销商 ROI 指的是经销商将资金投入在我们的产品上所获得的单位回报，即投资的效率问题。

ROI（投资回报率）=税后净利÷资产总额=销售净利率×总资产周转率

这样就可以得出整个回报。

第二，有效沟通

尊重，只有双方在一个平等的地位上进行沟通，才会有效果。**不要高高在上，也不能俯首帖耳，这是最基本的原则。**有效沟通不是无休止地讨论和重复，有效沟通是明确双方的需求，并界定问题，找到双方的平衡点。

让别人知道你在干什么，也要明白对方的位置，以及他们在这个流程中能干什么。很多时候，事情都要有一个流程。

第三，完善管理

只有整体的管理水平提高了，经销商的生意才能真正实现可持续性的发展，也只有这样，经销商才会真正地感谢你和佩服你。

第四，交朋友

和经销商打交道的总原则是：交朋友，亲密但有间。

刚开始，生意之外的东西更重要，家长里短，经销商如果跟你交流这些，实际上你就成功了一半。最终，功夫在诗外，生意之外的东西有时候更有助于把生意做好。

交朋友“成功”的重要标准是：工作以外的时间，经销商愿意跟你一起“腐败”或接受你的“腐败”邀请。这里的“腐败”当然不是违法乱纪，指的是工作之外正常的娱乐、聚会等。

三、猫哆哩品牌营销再诊断

猫哆哩产品一直以来都是以个性、搞怪的形象出现，近年来，其广告也非常另类，但经过数年营销和推广，其销售还是不太理想。产品换了新包装后，据资料显示，销量不但没有上升，反而下滑了。网上也出现了很多分析猫哆哩的文章，谈品牌、谈营销，褒贬之声都有。在这些声音中，对产品、品牌的分析或多或少都有可取之处。不过，我认为还不够完整、不够深入，还没有找到品牌营销诊断的要害。到底是什么制约了猫哆哩快速上量，或者猫哆哩营销的瓶颈在哪呢？

（一）品牌和消费者

品牌是用来和消费者沟通的，要打动消费者，就是“拨动消费者的心弦”。品牌是打在消费者头脑中的“烙印”，是对企业和产品的“承诺”。

从品牌规划的角度分析，猫哆哩品牌定位为“中国首款休闲解压食品”，定位比较独特，有较强的差异性，至少其他休闲食品没有这个诉求，更重要的是，猫哆哩从精神层面突出定位。从系统性看，品牌规划不够完整。猫哆哩的品牌个性是什么？猫哆哩的核心价值是什么？

现在，只剩下广告口号“嘴闲着，特危险”。这句广告语本来也没有什么好说的，关键是和有“解压”没有紧密地联系起来。产品、品牌和“解压”没有关系，品牌定位和传播不一致。从消费者角度看，猫哆哩的产品和品牌开始的时候有很强的吸引力，有个性、有特点，但是时间久了容易让人厌倦，因为个性的东西很难有持续的热度。

我做了一个调查：在90后和80后的受访女性消费者中，知道猫哆哩的数据是100%，购买过猫哆哩产品的数据也是100%，但你不要高兴得太早。6人中，只有1人现在还在零星地购买（频率已经很低，一个月买一包左右）猫哆哩产品，其他人很少买或者基本不买了。看来，很多消费者就是以前觉得好玩才买的，受广告的影响较大（以初中、高中学生为主）。

调查说明两个问题：一是猫哆哩的定位传播有问题。“解压”并没有让目标消费者接受，更不要说打下“烙印”了，需要解压的人是上班的白领，她们在上学时买，毕业后需要解压却不买猫哆哩产品了。二是消费人群有问题。目标人群定位年龄偏大，而且随着核心消费者年龄增大，目标消费者不再重复购买，没有目标消费群的积累；对新进人群的传播方式也不合适。

（二）竞争对手和市场

“中国首款休闲解压食品”跳出了传统的休闲食品的红海，与竞品有很强的区隔，但很遗憾，没有进一步发掘和演绎这种差异，使“解压定位”流于形式。

产品上，酸角果派是云南的特产，以前做特产的思路是在本地卖、旅游的人消费或者买回去送礼等，但猫哆哩在云南以外的地方卖，还做成时尚的休闲食品——多好的策划和创意，具有独特性和不可替代性。

最后，从企业战略上看，把一个特产做成时尚产品、走出云南是一个很有远见的想法，如果做特产，永远也做不出大市场和大品牌。

（三）产品和产品线

猫哆哩品牌所属的甜馨食品公司表示：想通过包装设计创新突破地理区域的限制，把网络流行语印在包装上，有些话能唤起人们对生活的美好回忆，有些话能让人们感受到浓浓的现实生活气息，还有一些话可以让人们在调侃中放松心情。作为新产品和消费者首次见面，或者作为一个新品类，猫哆哩确实做到了。

从产品看，初次看到其包装的感觉很好，但久了就会厌烦，毕竟包装不是每天换。猫哆哩可以靠包装的新鲜感获得尝试消费，但时间一长，新鲜感便没有了，自然不会刺激和保持重复购买。因为产品就几种，包装上面的“个性口号”就几个，看久了自然没感觉了。包装的印刷企业不可能每月都换，因此，这个个性，现在倒成了“劣势”。

在陈列上，正面陈列产品看不到“标语、口号”，反面陈列又看不到产品的真实面目，陷入两难境地。虽然改了包装，但我认为是败笔，不仅看不到产品实物，连企业的形象和品牌形象也忽略了。

产品线做得有点杂。可能也是没有办法，产品线单一不能形成合力，也不能保证上量。但总得围绕核心定位做产品，酸角的刺激可以说是解压，但其他的山林果派、西番莲果派还有这个属性吗？如果围绕酸角开发系列产品，会不会更好呢？

猫哆哩新产品上市，对口味做了较大的调整：趋向大众，走向了普通人群的口味，大幅度地降低了酸味。口味虽然大众了，可是和其他产品相比没有差异了，“解压”的品牌定位和产品的属性也没有了依托和支撑。

这也许是猫哆哩最难解决的问题：小众口味做不大，大众口味没特色，而且还和品牌定位冲突。

（四）渠道和终端

渠道还是商超和便利连锁渠道，主渠道应该没有问题，但一些商业区、办公区、学校、高校等旺区、旺点要保证很高的铺货率才行。

可能是产品线和组合的问题，猫哆哩的陈列、出样总体显得单调、没有气势，显示不出一个个性品牌的强大终端魅力和气场。

（五）广告和推广

《送别》版本广告和猫哆哩的定位不吻合，广告创意和策略没有诠释“解压”的定位，而是打出了感情牌。

企业方及食品界人士几乎都认为，这个广告的影响力很大，提高了知名度。我想说，这恐怕也是品牌管理不专业的体现。

我认为，《送别》版本广告的传播基本无效，而且还有较大的负面影响。一是猫哆哩产品已经过了宣传知名度的阶段，不缺知名度；二是有恶搞意思的广告，提高知名度的传播可以做，但要注意时间段，播出的时间跨度和频次都要测算好；三是该广告的受众和之前的目标消费群已经发生了变化，企业似乎全然不知。

现在，猫哆哩的核心消费者已经年轻化了，大概集中在 16 ~ 25 岁，而且核心的消费群体甚至在初中、高中。因此，公交系统已经不是核心的传播载体了，年龄稍大的人因为价值观和对事物的认识不同，这样的恶搞广告还会招致他们的反感，成都市场的例子就是最好的佐证。

推广、活动，如成都市场的一些主题活动，在知名度的传播上没有问题。但总是围绕知名度做推广，猫哆哩的品牌定位和核心价值浮在表面、流于形式，实在有些惋惜。

总体上，猫哆哩能在竞争激烈的休闲食品市场中脱颖而出，将一个特产做成时尚产品是一个奇迹。打造新品类、塑造新定位还算有创意，而且也是成功的。可惜的是，定位没有真正落实下去，消费者没有

“解压”的概念，不得不说这是品牌管理和传播管理的一次巨大失误。

对消费者的研究和跟踪不敏感，实际上，消费者已经发生了很大变化，企业却浑然不知。猫哆哩为什么做得不够大？为什么这么多年成绩依然不理想，除了品牌、传播管理的问题，还有两个关键的与消费者相关的问题：一是猫哆哩酸角果派的口味不适合大众口味，也就是说，酸角口味并不是人人都能接受的。二是消费者年龄从 20 多岁变成 10 多岁，年轻化趋势很明显，但宣传、营销渠道、推广等都没有及时跟上变化。

要解决这两个问题，必须重新审视品牌和消费者的关系，围绕酸角产品开发和改良新产品，而不是一味地炒作、恶搞。

四、娃哈哈格瓦斯市场操作分析——不要做拐弯产品

娃哈哈格瓦斯在全国上市，也陆续开始了广告轰炸，电视、户外、终端……很多人都不约而同地说：“想起了那个非常著名的失败案例——啤儿茶爽。”当然，这个产品也给我们留下了一句经典的话语：你 OUT 了！

不可否认，娃哈哈作为全国一流的饮料企业，新产品的推广能力毋庸置疑。但就全国范围来看，新产品上市的成功率很低，一般不会超过 10%，而且每年新产品上市的品种越来越多，成功率也越来越低。

像娃哈哈这样的企业，新产品做到几亿元甚至十几亿元并非难事。一是大规模的广告带动经销商进货；二是联销体模式的网络渠道可以实现快速覆盖，但最后要形成持续的销售和规模则需要产品与消费者相适

应。不过，娃哈哈也有很多产品是不成功的，或者经过艰难的推广后在市场上销声匿迹了，如啤儿茶爽。

中小企业的新产品上市，受制于资源很难一炮走红，或者对市场判断失误导致产品滞销。但娃哈哈这样的大企业，任何新产品上市都经过严格的市场研究和评估，为什么还会失败呢？我发现，啤儿茶爽等产品之所以失败，是因为产品拐弯了。

什么意思？产品的卖点和针对人群的购买心理都要直接，不能遮遮掩掩，更不能拐弯。有人会认为你的产品概念很好，但产品原料太普通了，他们不直接说，尽量避免提及，这是不可取的。你不说，消费者怎么认知，价值感不是因为你不说、含含糊糊就能塑造出来的；遮遮掩掩、顾左右而言他，这些都将使产品卖点模糊，难以提升品牌价值感。

啤儿茶爽到底是啤酒还是茶？不含酒精是卖点，但消费者购买这个产品是为了满足什么核心需求。喝啤酒是为了释放心灵、社交等，喝饮料、喝茶是为了解渴、休闲……喝茶的人，未必喜欢酒的味道。茶就是茶，酒就是酒，产品最好直接。拐来拐去，用含啤酒花不含酒精的饮料代替餐桌上的啤酒，怎么能成功？而且啤儿茶爽的销售主渠道不是餐饮渠道，而是超市、小店、连锁便利店，渠道错位也是一致命的伤害。

目前，很多地方已经进行了格瓦斯的大面积铺货，超市、小店、餐饮场所都有铺货。就渠道策略来说，格瓦斯和啤儿茶爽还是有区别的。格瓦斯将餐饮渠道作为突破口，小店、连锁超市、便利店等全方位覆盖，但我认为，这种餐饮启动策略与格瓦斯不符。

格瓦斯也沿用了娃哈哈一贯的广告风格，不讲技术，主要诉求情感，但总感觉是一种女性饮料——烂漫、激情、女人般的温暖多于情感，液体面包的卖点差异性不足，也很模糊。

娃哈哈似乎对替代啤酒很感兴趣，总要借助啤酒花做文章，格瓦斯也不例外。纵观中国饮料产品发展，很难看到替代品做大或者拐弯产品做成规模的案例。这是因为纯粹的产品更能满足消费者的需求。如果是啤酒的替代品，则需要去夜场、酒店、餐饮场所销售，而格瓦斯并不是啤酒，夜场、餐饮的消费者会喜欢吗？当然不会。如果当饮料卖，卖点又是什么？解渴、美味、营养……给一个购买的理由很重要。

格瓦斯作为区域产品、风味饮料，很难在短时间内得到全国消费者的接受和认可，尝试和尝新消费是可以的，但在全国市场很难有稳定的、庞大的消费群。因此，很难在短时间内做出规模，需要一定的时间培育和教育市场。因此，需要在口感上趋于大众化，同时又有差异化和记忆点，才能形成新品类，这样就算成功了。

教育市场不是简单的事情，可口可乐 10 多年前就开始进入茶饮料市场，每次都铩羽而归，等市场培育起来了、机会来了，马上就被更加熟悉中国渠道的康师傅、统一、娃哈哈超越。

格瓦斯到底要当什么卖？在哪里卖？解决了这两个问题后，还需要给消费者一个购买理由。如果当作饮料卖，就直接和纯粹一点，把超市、便利店、小店当成主渠道进行覆盖和推动，这是娃哈哈的强项。在广告诉求上，给一个有冲击力的理由。

但愿娃哈哈能够快速调整格瓦斯的营销策略，开创一个区域产品成为全国市场的创新品类的时代。

五、苦荞茶，走出特产局限

苦荞茶的消费真正形成规模还是最近几年的事情。在四川成都等地，环太苦荞茶和三匠苦荞茶等品牌都花了很大力气推广苦荞茶，但这个市场很小，而且环太和三匠以特产为突破口，把苦荞茶做成了特产。

之前，高端猪肉、人工养殖鹿等都想通过某种方式卖更高的价格，但怎么才能让这些产品物有所值，怎么才能有更高的价值，找不到支撑点和合适的渠道模式。最后，大家发现，只有做成特产，才能支撑高价位。但是，这样一来，受特产限制做不出规模，很难做大。

当然，生存下来才能求发展。只有在当地有相当的市场规模和消费群，才能将产品推向全国。下面以环太苦荞茶等作为样本进行分析，试图找出一些解决问题的策略和方法，希望对这个行业或者与这个行业相似的品牌和产品有所裨益。

首先需要说明的是，由于资料的限制，不可能对苦荞茶企业有非常全面和深入的了解，本文试图从战略、品牌、产品、渠道、推广等策略的角度进行分析，并不代表策略完全正确。

苦荞茶，作为一个茶市场的新品类，如果继续在四川本省的红海中“苦战”，销量无法取得突破，而且极易形成特产的概念，难以自拔。如果是特产，只有游客将其作为礼物买回去送人，一旦离开了这个地方，自然就不会再买了，这对苦荞茶品牌的全国推广极为不利，要从地域上甩掉特产的帽子。

地理标志产品。苦荞主产区是西昌，要强化西昌苦荞茶的正宗地位，树立西昌苦荞的标准。如果有可能，还要申请只有西昌才有的某个品种的地理标志（如果这个品种具有营养、保健等功能，只有西昌才有或者西昌某个片区才有），一旦地理标志通过认证，受法律保护的西昌独有的苦荞茶，门槛无疑高了很多。大家都做苦荞茶，我的是最正宗的，这就有了说服力，也有了差异化。

行业标准制定者。你是行业标准的制定者，理所当然具有说服力，对其他竞争品牌也是一种有效的区隔，最终解决消费者信任问题。

谁去做这件事情？当然是当地有资源、有实力，能整合各种资源的厂家。我认为，环太苦荞茶、三匠苦荞茶都可以试试，这是一个大战略，做成了，对四川苦荞茶营销和推广将是一次大的质的飞跃。

下面将环太苦荞茶作为分析蓝本，进行一次粗略的营销诊断。

从品牌的角度来说，环太苦荞茶相对走在前面，不过离品牌的道路还很远。作为行业内较早运作品牌的苦荞茶企业，其品牌运营能力还处于广告设计的初级阶段。我的意思是，怎么定位和传播“环太”的品牌，企业还处于初级阶段。“环太”的户外广告、终端形象店、企业LOGO等都没有找准打动消费者的点，如中央电视台推荐品牌、苦荞茶领导品牌，这些是追求的目标，如果真做到全国市场推广或许有效果，如果只是区域性质品牌，效果不会太好。

品牌作为与消费者沟通和提供承诺的有效方式，如果千人一面，无疑难以打动消费者。环太苦荞茶来自大凉山，具有很多营养、保健功能，要找到最有效的、最能跟竞品形成区隔的定位，如大凉山最正宗的苦荞茶。在全国市场上没有领导品牌，也是其他苦荞茶企业的机会，为什么就没有人看到呢？

渠道和品牌模式单一。目前，主要销售渠道是特产店、专卖店、连锁店、卖场等，上量的难度很大。苦荞茶的渠道应该更加广阔，需要更加丰富的产品线和产品组合，还要推出更高端或向下延伸的品牌和产品，这样才能有更好的产品组合开发其他渠道和进行品牌化运作。

传播不一致。环太苦荞茶的传播主要以户外广告和电视广告为主。由于定位不清晰，很难形成统一的主题。如户外传播，很多商业区及周边地区，主要内容是央视合作品牌、推荐品牌、中国驰名商标等；而有的地方又是苦荞茶领导品牌，有机、环保、健康，严重影响消费者认知和传播效果。要找到一句打动消费者的话，比说十句央视合作品牌要好得多。如“来自苦荞之都，最正宗的苦荞茶”效果不是更好！

做大，就要摒弃特产概念。苦荞茶作为茶叶的新品类，不一定非得是特产，也可以是西昌的独有特色，做到独有和不可复制。只有树立这样的观念才能将其做大，做成全国品牌。

做大的思路：

第一，跳出特产的局限，用全国市场的思路做新品类。

第二，用地理标识保护品牌和产地。

第三，明确最好的苦荞茶的行业标准。

第四，进行全新的品牌定位和运营。

第五，改变和升级苦荞茶形象。

第六，有必要重新提炼卖点，与消费者沟通，教育和培育外省市场。

第七，进行整合营销传播，告诉消费者我是最好的、独特的苦荞茶，就是与众不同。

六、霸王凉茶：品牌延伸的悲剧

2009年，霸王集团上市。接着，从洗发水行业高调进入凉茶行业，不到4年时间，亏光融资，凉茶也黯然退市。花费巨资，几无收成，波及主业，一蹶不振。岂不可叹！但大家对多元化运作的看法褒贬不一，也有可以借鉴的案例，如世界著名碳酸饮料品牌百事可乐可以做饮料，也可以做百事流行鞋。奇怪的是，霸王洗发水在经历了一场巨大的风波后，在品牌塑造和推广上还是没有走出一条专业化的道路，甚至出现了倒退。

如霸王洗发水之前的广告出现了很给力的场面：洗发水广告之后，来了一个“混搭”——购买霸王洗发水，可以获赠霸王凉茶！

霸王到底想干什么？

以前，针对霸王的那些“致命”的负面新闻，现在已经被证实为“陷害”，我甚至认为这可能是某些竞争品牌蓄意的、恶意的行为。这样看来，霸王确实很冤枉。

面对冲突，霸王似乎在和媒体赌气：霸王没有问题，是你们强加给霸王的，你越说霸王有问题，我越是要做广告，证明自己“无罪”。在没有得到权威证实的情况下，这样做的最终结果是，媒体更加疯狂地挖掘负面新闻，消费者对企业的行为更加反感。

霸王在两个方面做得不好：一是危机管理，二是品牌战略和管控。

（一）“赌气式”危机管理失算

第一，关于认识问题。管理层认为身正不怕影子斜，自己没有问题，自然不需要公开信息。但这恰恰让媒体有了新闻卖点，让消费者感觉“有诈”，虽然事后被证实真的没有。

第二，关于处理程序问题。不是借助权威机构的鉴定，也不是与媒体进行全面沟通，而是起诉媒体。

第三，关于“以暴制暴”。始作俑者的媒体“陷害”我，跟风的媒体“曝光”我，那我就去找记者“评理”。

第四，继续大做广告。在“致癌门”事件发生后，霸王继续在各大电视台做高密度广告。这种做法会让消费者反感，消费者不是法官，不知道到底发生了什么事情，但至少消费者知道霸王已经卷入了“致癌门”事件，在事情没有弄清楚之前，消费者认为其产品可能有问题。因此，从消费者角度看，霸王的这种做法显然是不负责任的；从企业的角度看，是“赌气式”的非理性行为。

这次事件非常严重，虽然霸王觉得自己比“窦娥还冤”，但既成事实，只有正视事情，做好善后工作才能消除影响。那么，我们可以得到什么启示呢？

（1）要有危机管理意识。从危机公关的观念转变为危机管理的观念，“凡事预则立，不预则废”，要有预防问题发生的智慧，出现问题更要有解决问题的魄力。

（2）不要堵，要疏。不要想尽办法掩盖事件，你越是遮遮掩掩，媒体越有兴趣挖掘，公众也越有兴趣围观。

（3）不要与媒体、相关部门“争吵”。吵得越凶，你失去的越多，负面的东西也越多。本来子虚乌有的事情，你一定要从道理上争，可能会失去市场和消费者。对产品质量问题，消费者肯定是“宁可信其有，不可信其无”。

（4）请权威部门出来证实。在权威部门证实前，不要自说自话，保持和媒体的全面沟通，让小道消息和八卦新闻无法传播。

（二）“混搭型”品牌战略和管控失策

在电视上出现“混搭”的广告画面，品牌战略出现很大偏差，换句话说，就是霸王的品牌管理的短视行为。

有一点需要特别说明，霸王万万没有想到，自己全面推出霸王凉茶的同时，就出现了“致癌门”事件。因此，很多品牌和营销行为被打乱了，波及品牌延伸战略，自然会受到严重的打击。此时，改变很难取得好的效果，只有硬着头皮上，这是意外事件导致的被动局面。

但我想说，一开始，霸王在品牌战略上就出现了严重的失误。霸王洗发水的定位是“中药世家”，“中药世家”已经成了霸王洗发水的定位，核心价值是“防脱”，那么，这个定位和核心价值还能用到凉茶上吗？

百事可乐是饮料，定位为年轻人的可乐，核心价值是年轻、活力、激情，用到百事流行鞋上也无可厚非，从品牌联想和价值来看也是可以用的。但霸王的定位就不行了，核心价值是“防脱”，难道喝霸王凉茶也能“防脱”？不说别的，想到“中药世家”，联想到洗发水，你还会喝霸王凉茶吗？洗化产品和饮料，不要说相互关联和支撑，简直就是

“相互搏命”。

中国企业希望“傍”名牌，希望用“短、平、快”的方式实现品牌从一个品类延伸到另一个品类，这样可以节省一大笔推广费用，但愿望往往落空了。最让人无法接受的是，品牌延伸就算了，借助品牌的知名度和形象，让消费者接受自己的产品质量、企业实力，但将洗发水和凉茶广告混在一起，实在令人匪夷所思。这不是明摆着要将凉茶引向洗发水吗？这对凉茶的销售有什么正面影响呢？

霸王洗发水在品牌战略上是成功的，独特的定位和精准的传播，无疑开创了洗发水行业的新品类。可是，在处理企业品牌、产品品牌、品牌延伸的问题上，霸王的品牌管理做得太简单了。

最佳的策略当然是子品牌，其次是副品牌，最差的策略是品牌延伸。

子品牌策略虽然没有借助原有品牌的知名度，但霸王洗发水可以摆脱风波的干扰，而且不会稀释霸王原有的定位和核心价值。副品牌策略是用霸王进行品牌背书，凉茶用一个新名称，如农夫山泉水溶 C100、娃哈哈营养快线，这些产品很成功。最差的策略是品牌延伸，因为饮料和洗发水分属不同的行业，占据消费者的心智资源也不一样，会混淆洗发水和凉茶的品牌形象，是典型的“两头不讨好”策略。

很多企业大概是不差钱了，但缺乏做大之后做强的智慧，也缺乏做产品之后做品牌管理的策略。

图书导读

为了帮助读者更快、更方便地找到自己需要的书，让书发挥最大价值，我们精心制作了这份导读，希望对大家有所帮助！

博瑞森的书，最适合谁来读？

经营者（老板、总经理、董事长、企业家、合伙人、厂长等）和**管理者**（企业高层、中层和部分基层管理者）以及企业的**骨干员工**（思考如何为企业创造更大的价值），你就是我们的读者，共同的战友！

因为我们相信，你就是影响企业发展大局的关键人物，影响你，帮助你，和你共同学习成长，就是和中国企业一起成长！

博瑞森的书，最大特点？

我们坚持“企业视角，本土实践”的出版理念，要对企业实践产生实实在在的作用。

“本土”——理论和思想可以来自古今中外，但一定要适应本土；

“实战”——作者都是从企业、市场中摸爬滚打出来的，实战性是渗到骨子里的；

博瑞森的书，怎样“读”，作用好？

免费电子版，手机随时“读”

我们 **90%** 的书都提供**免费**的**全文电子版**，下载到手机（或 Pad、电脑）里，让惜时如金的你，获得最大程度的阅读自由！

操作方法：回复图书编号（封底下部或内文第 1 页底部的 4 位数字）和你的邮箱地址。例如回复“1205 + zhang＊＊＊@126.com”到手机 13611149991，2 个工作日内即可在邮箱收到图书的全文电子版。

QQ 群，读者间讨论着“读”

加入“**博瑞森读者群**（202230847、190415943）”的 QQ 讨论群，你的困惑、感受和读者、作者随时深入讨论！

操作方法：入群口令为“图书名称 + 手机号”。提个醒，群里有事说事，别乱发广告、搞笑段子，会被踢的。

作者见面会，带着问题“读”

“书看了，很好，但还是不知道该怎么做！”——正常，实践没有那么容易。参加作者见面会，带着自己的问题，现场指点很重要！

操作方法：加入我们的微信公号（bookgood2005），查看详情。

微信、书摘邮件，天天点滴“读”

“书太厚，不容易读”——通过我们的微信公号（bookgood2005）或者你的个人邮箱，你每周都会收到2次博瑞森书的精品书摘，三五百字，便于精华快速地吸收。

操作方法：加入我们的微信公号，或回复你的邮箱地址到手机13611149991即可。

更多方式的“读”

我们知道，以上这些还远远不够，你的感受、不满随时告诉我们（13611149991，bookgood@126.com），我们一起创造更多、更精彩的“读”……

分类导读图+书目

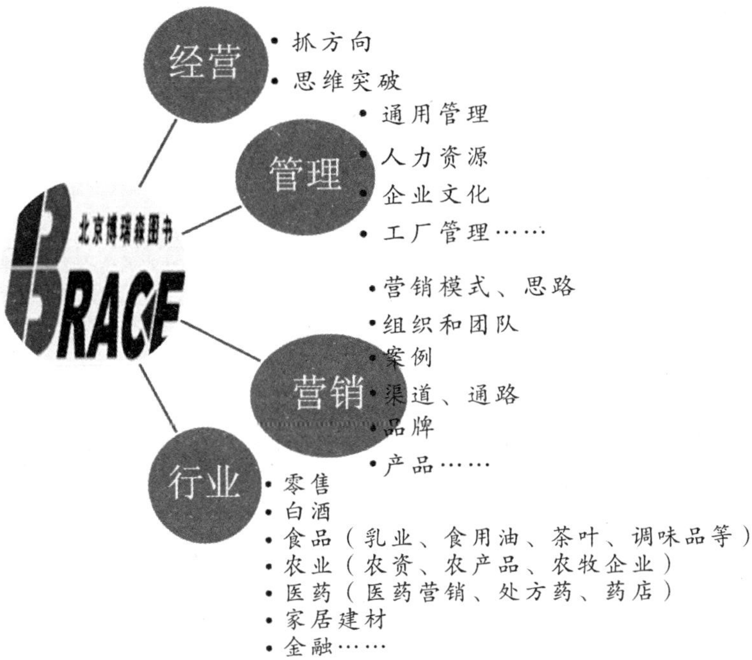

更多实战好书，请关注**“博瑞森图书直营店—淘宝网”**

http://qiyeshudian.taobao.com/

行业类：零售、白酒、食品/快消品、农业、医药、建材家居			
	书名．作者	内容/特色	读者价值
零售	涨价也能卖到翻 村松达夫 【日】	提升客单价的 15 种实用、有效的方法	日本企业在这方面非常值得学习和借鉴
	1. 总部有多强大，门店就能走多远 2. 超市卖场定价策略与品类管理 3. 连锁零售企业招聘与培训破解之道 4. 中国首家未来超市：解密安徽乐城 IBMG 国际商业管理集团 著	国内外标杆企业的经验 + 本土实践量化数据 + 操作步骤、方法	通俗易懂，行业经验丰富，宝贵的行业量化数据，关键思路和步骤
	零售：把客流变成购买力 丁 昀 著	如何通过不断升级产品和体验式服务来经营客流	如何进行体验营销，国外的好经营，这方面有启发
白酒	变局下的白酒企业重构 杨永华 郭 旭 著	帮助白酒企业从产业视角看清趋势，找准位置，实现弯道超车的书	行业内企业要减少 90%，自己在什么位置，怎么做，都清楚了
	1. 白酒营销的第一本书 2. 白酒经销商的第一本书 唐江华 著	华泽集团湖南开口笑公司品牌部长，擅长酒类新品推广、新市场拓展	扎根一线，实战
食品	乳业营销第一书 侯军伟 著	对区域乳品企业生存发展关键性问题的梳理	唯一的区域乳业营销书，区域乳品企业一定要看
	食用油营销第一书 余 盛 著	10 多年油脂企业工作经验，从行业到具体实操	食用油行业第一书，当之无愧
	中国茶叶营销第一书 柏 龑 著	如何跳出茶行业"大文化小产业"的困境，作者给出了自己的观察和思考	不是传统做茶的思路，而是现在商业做茶的思路
	变局下的快消品营销实战策略 杨永华 著	通胀了，成本增加，如何从被动应战变成主动的"系统战"	作者对快消品行业非常熟悉、非常实战
	调味品营销第一书 陈小龙 著	国内唯一一本调味品营销的书	唯一的调味品营销的书，调味品的从业者一定要看
	快消品营销：一位销售经理的工作心得 2 蒋 军 著	快消品、食品饮料营销的经验之谈，重点突出	来源于实战的精华总结
农业	农资营销实战全指导 张 博 著	农资如何向"深度营销"转型，从理论到实践进行系统剖析，经验资深	朴实、使用！不可多得的农资营销实战指导
	农产品营销第一书 胡浪球 著	从农业企业战略到市场开拓、营销、品牌、模式等	来源于实践中的思考，有启发
	变局下的农牧企业 9 大成长策略 彭志雄 著	食品安全、纵向延伸、横向联合、品牌建设……	唯一的农牧企业经营实操的书，农牧企业一定要看
医药	新医改下医药营销与团队管理 史立臣 著	探讨新医改对医药行业的系列影响和医药团队管理	帮助理清思路，有一个框架
	医药营销与处方药学术推广 马宝琳 著	如何用医学策划把"平民产品"变成"明星产品"	有真货、讲真话的作者，堪称处方药营销的经典！
	新医改了，药店就要这样开 尚 锋 著	药店经营、管理、营销全攻略	有很强的实战性和可操作性
建材家居	建材家居营销实务 程绍珊 杨鸿贵 主编	价值营销运用到建材家居，每一步都让客户增值	有自己的系统、实战
	建材家居门店销量提升 贾同领 著	店面选址、广告投放、推广助销、空间布局、生动展示、店面运营等	门店销量提升是一个系统工程，非常系统、实战
工业品	解决方案营销实战案例 刘祖轲 著	用 10 个真案例讲明白什么是工业品的解决方案式营销，实战、实用	有干货、真正操作过的才能写得出来
	变局下的工业品企业 7 大机遇 叶敦明 著	产业链条的整合机会、盈利模式的复制机会、营销红利的机会、工业服务商转型机会……	工业品企业还可以这样做，思维大突破
金融	精品银行管理之道 崔海鹏 何屹 主编	中小银行转型的实战经验总结	中小银行的教材很多，实战类的书很少，可以看看
	支付战争 Eric M. Jackson 著 徐 彬 王 晓 译	paypal 创业期营销官根据自己的亲身经历，讲述 paypal 从诞生到壮大到成功出售的整个历史过程	激烈、有趣的内幕商战故事！了解美国支付市场的风云巨变

续表

经营类:企业如何赚钱,如何抓机会,如何突破,如何"开源"			
	书名. 作者	内容/特色	读者价值
抓方向	让经营回归简单. 升级版 宋新宇　著	化繁为简抓住经营本质:战略、客户、产品、员工、成长	经典,做企业就这几个关键点!
	公司由小到大要过哪些坎 卢　强　著	老板手里的一张"企业成长路线图"	现在我在哪儿,未来还要走哪些路,都清楚了
	企业二次创业成功路线图 夏惊鸣　著	企业曾经抓住机会成功了,但下一步该怎么办?	企业怎样获得第二次成功,心里有个大框架了
	老板经理人双赢之道 陈　明　著	经理人怎养选平台、怎么开局,老板怎样选/育/用/留	老板生闷气,经理人牢骚大,这次知道该怎么办了
	企业文化的逻辑 王祥伍　黄健江　著	为什么企业绩效如此不同,解开绩效背后的文化密码	少有的深刻,有品质,读起来很流畅
	使命驱动企业成长 高可为　著	钱能让一个人今天努力,使命能让一群人长期努力	对于想做事业的人,'使命'是绕不过去的
思维突破	跳出同质思维,从跟随到领先 郭　剑　著	66个精彩案例剖析,帮助老板突破行业长期思维惯性	做企业竟然有这么多玩法,开眼界
	7个转变,让公司3年胜出 李　蓓　著	消费者主权时代,企业该怎么办	这就是互联网思维,老板有能这样想,肯定倒不了
	麻烦就是需求　难题就是商机 卢根鑫　著	如何借助客户的眼睛发现商机	什么是真商机,怎么判断、怎么抓,有借鉴
	重生战略:移动互联网和大数据时代的转型法则 沈　拓　著	在移动互联网和大数据时代,传统企业转型如同生命体打碎与再造,称之为"重生战略"	帮助企业认清移动互联网环境下的变化和应对之道
	企业互联网转型模式突破 贺新杰　著	企业要从转变思维开始,用平台化模式突破资源制约,O2O模式突破市场限制,组织创新突破传统组织的滞后……	认识互联网,学会让互联网为我所用
	互联网思维下的企业战略转型 李　蓓　著	本书阐述了传统企业在互联网思维下的战略转型之路:重新定义产品——重新寻找客户——重新发现价值	利用互联网思维结合自己已有的竞争优势,你也可以创建一个有着无限成长空间的新企业

管理类:效率如何提升,如何实现经营目标,如何"节流"			
	书名. 作者	内容/特色	读者价值
通用管理	1. 让管理回归简单. 升级版 2. 让用人回归简单 3. 让经营回归简单. 升级版 宋新宇　著	宋博士的"简单"三部曲,影响20万读者,非常经典	被读者热情地称作"中小企业的管理圣经"
	边干边学做老板 黄中强　著	创业20多年的老板,有经验、能写、又愿意分享,这样的书很少	处处共鸣,帮助中小企业老板少走弯路
	阿米巴经营的中国模式 李志华　著	让员工从"要我干"到"我要干",价值量化出来	阿米巴在企业如何落地,明白思路了
	欧博心法:好管理靠修行 曾　伟　著	用佛家的智慧,深刻剖析管理问题,见解独到	如果真的有'中国式管理',曾老师是其中标志性人物
	1. 用流程解放管理者 2. 用流程解放管理者2 张国祥　著	中小企业阅读的流程管理、企业规范化的书	通俗易懂,理论和实践的结合恰到好
	跟我们学建流程体系 陈立云　著	畅销书《跟我们学做流程管理》系列,更实操,更细致,更深入	更多地分享实践,分享感悟,分享从实践总结出来的方法论

续表

人力资源	走出薪酬管理误区 全怀周　著	剖析薪酬管理的8大误区，真正发挥好枢纽作用	值得企业深读的实用教案
	回归本源看绩效 孙　波　著	让绩效回顾“改进工具”的本源，真正为企业所用	确实是来源于实践的思考，有共鸣
	集团化人力资源管理实践 李小勇　著	对搭建集团化的企业很有帮助，务实，实用	最大的亮点不是理论，而是结合实际的深入剖析
	人才评价中心．超级漫画版 邢　雷　著	专业的主题，漫画的形式，只此一本	没想到一本专业的书，能写成这效果
	我的人力资源咨询笔记 张　伟　著	管理咨询师的视角，思考企业的HR管理	通过咨询师的眼睛对比很多企业，有启发
	本土化人力资源管理8大思维 周　剑　著	成熟HR理论，在本土中小企业实践中的探索和思考	对企业的现实困境有真切体会，有启发
	把招聘做到极致 远　鸣　著	作为世界500强高级招聘经理，作者数十年招聘经验的总结分享	带来职场思考境界的提升和具体招聘方法的学习
企业文化	华夏基石方法：企业文化落地本土实践 王祥伍　谭俊峰　著	十年积累、原创方法、一线资料，和盘托出	在文化落地方面真正有洞察，有实操价值的书
	企业文化的逻辑 王祥伍　著	为什么企业之间如此不同，解开绩效背后的文化密码	少有的深刻，有品质，读起来很流畅
	企业文化激活沟通 宋杼宸　安琪　著	透过新任HR总经理的眼睛，揭示出沟通与企业文化的关系	有实际指导作用的文化落地读本
生产管理	高员工流失率下的精益生产 余伟辉　著	中国的精益生产必须面对和解决高员工流失率问题	确实来源于本土的工厂车间，很务实
	车间人员管理那些事儿 岑立聪　著	车间人员管理中处理各种“疑难杂症”的经验和方法	基层车间管理者最闹心、头疼的事，‘打包’解决
	1. 欧博心法：好管理靠修行 2. 欧博心法：好工厂这样管 曾　伟　著	他是本土最大的制造业管理咨询机构创始人，他从400多个项目、上万家企业实践中锤炼出的欧博心法	中小制造型企业，一定会有很强的共鸣
	欧博工厂案例1：生产计划管控对话录 欧博工厂案例2：品质技术改善对话录 欧博工厂案例3：员工执行力提升对话录 曾　伟　著	最典型的问题、最详尽的解析，工厂管理9大问题27个经典案例	没想到说得这么细，超出想象，案例很典型，照搬都可以了

营销类：把客户需求融入企业各环节，提供“客户认为”有价值的东西

	书名．作者	内容/特色	读者价值
营销模式	变局下的营销模式升级 程绍珊　叶宁　著	客户驱动模式、技术驱动模式、资源驱动模式	很多行业的营销模式被颠覆，调整的思路有了！
	卖轮子 科克斯　【美】	小说版的营销学！营销核心理念巧妙贯穿其中，贵在既有趣，又有深度	经典、有趣！一个故事读懂营销精髓
	弱势品牌如何做营销 李政权　著	中小企业虽有品牌但没名气，营销照样能做的有声有色	没有丰富的实操经验，写不出这么具体、详实的案例和步骤，很有启发
	老板如何管营销 史贤龙　著	不要认为营销就是4个P、C、R的概念游戏，揭开营销智慧助力企业成功的内在奥秘	高段位营销16招，好学好用，老板能看，营销人也能看
组织和团队	升级你的营销组织 程绍珊　吴越舟　著	用“有机性”的营销组织力替代“营销能人”，把营销团队变成“铁营盘”	营销队伍最难管，程老师不愧是营销第1操盘手，步骤、方法都很成熟
	用数字解放营销人 黄润霖　著	通过量化帮助营销人员提高工作效率	作者很用心，很好的常备工具书
	成为优秀的快消品区域经理 伯建新　著	37个“怎么办”分析区域经理的工作关键点	可以作为区域经理的‘速成催化器’
	一位销售经理的工作心得 蒋　军　著	一线营销管理人员想提升业绩却无从下手时，可以看看这本书	一线的真实感悟
	快消品营销：一位销售经理的工作心得2 蒋　军　著	快消品、食品饮料营销的经验之谈，重点突出	来源于实战的精华总结

续表

案例	**我们的营销真案例** 联纵智达研究院　著	五芳斋粽子从区域到全国/诺贝尔瓷砖门店销量提升/利豪家具出口转内销/汤臣倍健的营销模式/娃哈哈联销体	选择的案例都很有代表性，实在、实操！
	招招见销量的营销常识 刘文新　著	如何让每一个营销动作都直指销量	适合中小企业，看了就能用
	解决方案营销实战案例 刘祖轲　著	用10个真案例讲明白什么是工业品的解决方案式营销，实战、实用	有干货、真正操作过的才能写得出来
	中国首家未来超市：解密安徽乐城 IBMG国际商业管理集团　著	零售企业的未来在哪里？本书深入挖掘了安徽乐城超市的试验案例，为零售企业未来的发展提供了一条可借鉴之路	通俗易懂，行业经验丰富，宝贵的行业量化数据，关键思路和步骤
产品	**产品炼金术** 史贤龙　著	帮助企业对打造畅销产品有一个全局性、框架性的认识	必须具备的思维和方法，避免在产品上再犯大的错
品牌	**中小企业如何建品牌** 梁小平　著	中小企业建品牌的入门读本，通俗、易懂	对建品牌有了一个整体框架
	采纳方法：破解本土营销8大难题 朱玉童　编著	全面、系统、案例丰富、图文并茂	希望在品牌营销方面有所突破的人，应该看看
渠道通路	**传统行业如何用网络拿订单** 张　进　著	给老板看的第一本网络营销书	适合不懂网络技术的经营决策者看
	采纳方法：化解渠道冲突 朱玉童　编著	系统剖析渠道冲突，21个最新的渠道冲突案例、情景式讲解，37篇专题讲义	系统、全面
	快消品营销与渠道管理 谭长春　著	将快消品标杆企业渠道管理的经验和方法分享出来	可口可乐、华润的一些具体的渠道管理经验，实战

采纳品牌营销顾问有限公司介绍

采纳品牌营销顾问有限公司是由中国十大策划专家之一朱玉童先生于1995年创立，现旗下拥有上海采纳、北京采纳、成都采纳、厦门采纳、济南采纳、采纳影视传媒公司、采纳网络营销公司、采纳智慧书院等，现在已拥有200多人的智慧团队。深圳总部拥有数千平方米的超大型营销策划基地，是中国营销策划界公认的最有实力的航母。自1995年至今，采纳凭借自身专业的营销管理知识、丰富的数据案例平台，以及超凡的智慧创意，为成千上万的企业提供了品牌营销顾问咨询与服务，打造了众多的驰名品牌与成功典范，赢得企业与客户的广泛好评。

采纳为**客户提供企业诊断与市场调研、营销战略规划、品牌规划与管理、品牌整合传播、新产品上市策划、招商策划、渠道规划、终端实战指导、营销管理体系构建、平面设计、影视广告创意及拍摄、营销培训、网络营销和推广等全程品牌营销顾问服务，**先后为青岛啤酒、珠江啤酒、统一集团、白象集团、美的健康电器、TCL移动、皇明太阳能、远东集团、中集、吉利汽车、昌河汽车、修正药业、广州移动、大运摩托、国信证券、华厦长城干红、布雷尔利、彩易达、摩托罗拉、郑家屯等大、中、小型数百家企业服务。据统计，外资跨国公司、A股上市企业、行业龙头企业、中国驰名商标企业和中小型企业超过四百家，创造了无数企业腾飞的奇迹。

营销策划界唯一连续十年荣获中国大陆创意实力 50 强、中国十大策划团队、中国策划业实力 20 强，连续四届荣获中国策划案例金奖、中国杰出营销案例奖的顾问单位，中国最具影响力的策划机构、中国最具专业价值的服务机构等荣誉大奖。2012 年，全球咨询公司在中国市场的竞争力排名中，采纳名列第四位，这是中国咨询公司第一次进入前五名，业界口碑与客户业绩证明了采纳的价值与实力。

我们秉承客户至上，精诚服务的理念，急客户所急，想客户所想，为企业解决销售一线的营销问题，树立全新的品牌与产品形象，努力打造企业品牌文化，为企业提供一体化营销咨询方案，节约资源，全面提升企业的品牌与销量，致力于服务更多企业和领域，致力于推动中国企业品牌化的进程！

采纳，让老虎飞起来。